工业4.0、智能制造与企业精细化生产运营

张小强　著

人民邮电出版社
北　京

图书在版编目（CIP）数据

工业4.0智能制造与企业精细化生产运营 / 张小强著. -- 北京 : 人民邮电出版社, 2017.3
（工业与互联网融合创新系列）
ISBN 978-7-115-44659-6

Ⅰ. ①工… Ⅱ. ①张… Ⅲ. ①互联网络－应用－制造工业－研究－中国 Ⅳ. ①F426.4-39

中国版本图书馆CIP数据核字(2017)第007332号

内容提要

本书系统讲解了工业 4.0、智能制造在企业精细化生产运营中的融合，帮助读者构建企业 SCM 供应链管理体系，讲解打造智能制造平台、实现个性化输出、调整生产结构、实现企业转型升级的方法，帮助读者深入了解工业 4.0 的本质及智能制造的实施、数据支持、创新驱动力，使企业在市场变幻的转型过程中调整、完善其转型战略和发展模式，在转型过程中逐步提升竞争力。本书适合各类制造型企业的总经理、厂长、生产经理、供应链管理者、质量经理、车间主任、科（课）长、一线管理者和生产管理干部阅读与学习。

◆ 著　　张小强
责任编辑　冯　欣
责任印制　彭志环

◆ 人民邮电出版社出版发行　　北京市丰台区成寿寺路 11 号
邮编　100164　　电子邮件　315@ptpress.com.cn
网址　http://www.ptpress.com.cn

◆ 开本：700×1000　1/16
印张：15　　2017 年 3 月第 1 版
字数：206 千字　　2017 年 3 月北京第 1 次印刷

定价：49.80 元

读者服务热线：(010) 81055488　印装质量热线：(010) 81055316
反盗版热线：(010) 81055315
广告经营许可证：京东工商广字第 8052 号

序言

互联网和信息技术的发展，引起了工业生产的变革，每一次技术的进步，都会对工业发展产生巨大的影响。这些变化促进了经济发展，改变了人们的生活方式，也改变了世界的面貌。

近年，工业生产又迎来了一场变革，这次变革是以智能技术为核心的。德国首先提出了工业 4.0 的概念，美国叫“工业互联网”，而我国叫“中国制造 2025”。叫法不同，其实本质内容是相同的，核心内容都是智能制造。

在工业发展历史上，迄今为止共发生了三次革命。第一次工业革命是 18 世纪英国发起的，以蒸汽机作为动力机为标志，人类从此进入了机器时代。第二次工业革命是 19 世纪电力进入工业领域，人类从此开启了“电气时代”，极大地促进了社会生产力的发展。第三次工业革命以原子能、电子计算机、空间技术和生物工程的发明和应用为主要标志，人类从此进入了“信息时代”。已经开始的第四次工业革命，是以互联网技术的应用为标志，即将开启“智能时代”。

工业 4.0 是德国政府《德国 2020 高技术战略》中提出的十大未来项目之一，其技术基础是网络实体系统及物联网。就是利用物联信息系统（Cyber-Physical System，简称 CPS）将生产中的供应、制造、销售信息数据化、智慧化，最后达到快速、有效、个人化的产品供应。

工业 4.0“智能化生产”是未来工业发展的趋势，因为工业是推动科技创新、经济增长和社会稳定的重要力量，其在世界上发挥的作用越来越重要。但是，随着市场竞争的日益激烈，客户的需求也在发生变化。客户需求新的、高质量的产品，甚至要求定制产品。所以，对工业生产来说，必须要提高生产力水平，并且还要以更少的能源和资源，来完成产品的生产，这样不但能降低生产成本，而且还能提高产品在市场上的竞争力。

我们知道，每个工厂都是在为两个目标而努力：一是生产出好的产品，二是把产品卖出去。然而，传统的工业生产都面临着生产和销售成本的压力，许多企业都遇到了困难。而这些困难是可以克服的，克服的方法就是工业 4.0，工业 4.0 的优势就是在于实现虚拟生产和与现实生产环境的融合，采用创新软件、自动化技术、驱动技术及服务。以“智能制造”为基础的工业化生产，不但能提高生产效率和灵活性，而且还能大大缩短产品上市的时间，使工业企业在市场上具有明显的竞争优势。

为更好地把握本次工业革命的脉搏，本书分三个部分对工业 4.0 时代工业企业应该注意的事项进行了论述：一是详述“互联网 +”时代的工业 4.0；二是智能制造；三是企业精细化生产运营。

在“互联网 + 工业 4.0”中，对于工业 4.0 的本质、如何把握工业 4.0 的机会和按照工业 4.0 的要求完成企业转型等方面，进行了深入浅出的阐述和解读。智能制造是工业 4.0 的要完成的目标，这一部分对智能制造的关键特征、实施支柱和数据支撑三方面进行了论述。工业 4.0 的重要特征就是工业生产的精细化运营，在本书的第三部分，对企业如何进行精细化运营，以及精细运营所要遵循的方式方法等进行详细的阐释。

本书的编写，主要让读者能深刻了解工业 4.0，把握工业 4.0 的机遇，使企业成功转型，跟上时代发展的步伐。为了让读者更好地理解一些理论知识，本书在编写过程中，精选了大量案例，通过解读案例使本书通俗易懂。同时，书中最后一章精选了国内外一些巨头的经典案例，目的是让读者有学习的榜样。本书的编写的目的是希望能对工业企业在提高生产水平、完成升级转型、提高核心竞争力等方面有所帮助。

目录

上篇　工业 4.0

第1章　了解工业4.0导向，把握企业提升和超越的绝佳契机

从 1760 年的机械化工业革命开始，人类的工业化进程就产生了质的飞跃。虽然经历不了前三次工业革命，但一定要抓住第四次革命。世界正飞速地变化，也许当你还在惊叹于第三次工业革命带来的信息技术的飞跃时，一个崭新的工业 4.0 时代却已经到来。

第2章　掌握工业4.0的基石与核心，完善转型战略和发展模式

随着工业 4.0 时代的到来，企业需要灵活转变以应对市场的变化。掌握工业 4.0 的基石与核心，就成为企业转型发展的一条成功之路。

第3章　全面认识工业4.0发展趋势，打造企业改革的新常态

在企业真正认识到工业 4.0 所带来的转变之后，企业就应该根据自身情况，抓住工业 4.0 这个大机遇，配合当前的发展趋势，展望未来，实现自身的成功转型。

中篇　智能制造

第4章　智能制造四大关键特征

智能制造改变着我们的生活方式，使我们的生活更加便捷、更加个性化。同时，也是我们在推动着智能制造、改变着智能制造。想真正实现智能化制造，离不开四大关键特征：精益运营、方案设计、软件管理和设计研发。

第5章　智能制造六大实施支柱

要实现智能制造有很长的路要走，有很多考验在等着我们。因此，我们应该实现产品研发要标准化、分解整合要模块化、人机配置要自动化、量化指标要数字化、闭环拉动要信息化、引领趋势要智能化这六大实施支柱，这样才能让我们的智能制造之路走得更加顺畅。

第6章 智能制造四大数据支撑

单一小企业的生产范围及对市场的观察能力有限，容易以偏概全，造成决策失准。企业需要通过大量的数据采集和分析，在数据中提取自己所需要的，从而为体系中的单一企业提供强有力的后盾。这种依靠数据做支撑的情况不是暂时性的，而是需要随着企业的发展、需求的变化而不断调整数据内容和供应。

智能制造的数据支撑主要包括产品数据、运营数据、价值链数据和外部数据。这四大数据支撑着产品从生产到销售的整个过程。

第7章 智能制造五大创新驱动

创新是指以现有的思维模式提出独到的、异于旁人的见解或思路，并且利用现有的资源创造新鲜的事物。创新不仅仅局限于产品的创新，一项新的技术、新的设备等都可以作为创新出现。一次次进行变革，其实就是创新的一次次进步。在技术、产品等各个方面进行创新，推动企业进步，也促进整个行业的进步与发展。

创新不仅仅是企业竞争中的一大手段，同时也是行业发展的一大动力。当智能制造逐渐走进我们的生活，越来越多的创新产品得到我们的喜爱。智能制造包括五大创新驱动，即技术创新、产品创新、模式创新、业态创新以及组织创新。

下篇 企业精细化生产运营

第8章 企业如何构建精细化体系

我国著名精细化管理专家汪中求先生认为："精细化是我国企业必须迈过的一道坎，不管是何种行业，不论是哪家企业，离开了精细化，要想在日趋激烈的国际化竞争中立于不败之地，无异于缘木求鱼。"

第9章 只有正确实施精益生产，企业才能具备超强竞争力

精益生产是企业提升竞争力的一种可靠的办法。利用无间断的作业缩短时间、材料等成本的支出，并且最大程度上使多个环节同时作业，而非分批或排队等候作业。简单来说就是并联作业，而非串联作业。从而实现企业的生产精细化，使企业的效率、质量得到提高，企业的竞争力也因此提升。

第10章 打造高效低本创优系统，为企业创造利润空间

利润是企业生产制造的不竭动力，所有企业都渴望拥有巨大的利润空间。因此，企业需要开源节流，不断降低产品的生产成本，同时提升产品的性能与质量，以此提升企业的利润空间。而这一切都要依托于管理系统，改善管理模式，不耗费一兵一卒就能转变成本、产品等重要元素。

第11章 向行业巨头学习：经典案例解读与剖析

光说不练假把式，对工业生产已经有大概的理解之后，就到了向行业中的佼佼者学习的时候。行业的巨头的实际案例能够帮助我们更好地消化理解这些知识，也能让我们了解到文字之外的世界。具体到单一问题的解决，又或者是成功的秘诀，我们总能在从中学到点什么。站在巨人的肩膀上看世界，必将看得更广阔。

上篇

工业 4.0

第 1 章 了解工业 4.0 导向，把握企业提升和超越的绝佳契机

从 1760 年的机械化工业革命开始，人类的工业化进程就产生了质的飞跃。虽然经历不了前三次工业革命，但一定要抓住第四次革命。世界正飞速地变化，也许当你还在惊叹于第三次工业革命带来的信息技术的飞跃时，一个崭新的工业 4.0 时代却已经到来。

1.1 工业 4.0 是万物互联

在工业发展的历史长河中，各个生产环节是相互关联的，在信息化社会这种互联更为明显。基于互联网的普遍应用，人们通过终端设备互联应用、互通信息，将虚拟与现实相结合，实现万物互联。

生产制造中的互联是工厂智能化的敲门砖，其通过设备之间、设备与产品之间等整个流程的互联实现产品的生产。同时，从产品的研制到物流配送实现万物互联，也为自动化生产打下了扎实的基础，如图 1-1 所示。

1. 通过互联网万物互联

德国在 2013 年汉诺威工业博览会上首次提出了工业 4.0 的概念，把工业 4.0 定性为“以信息物理技术为基础的智能化生产”。没错，我们需要踩在工业 3.0 的肩膀之上攀登工业 4.0 的高山。工业 3.0 的主要标志是电子和计算机。信息技术在生活中被广泛应用，使得制造不断实现自动化。以机械替代人作业，减轻或替代人的体力劳动，而工业 4.0 要做的是通过这种信息技术实现万物互联。

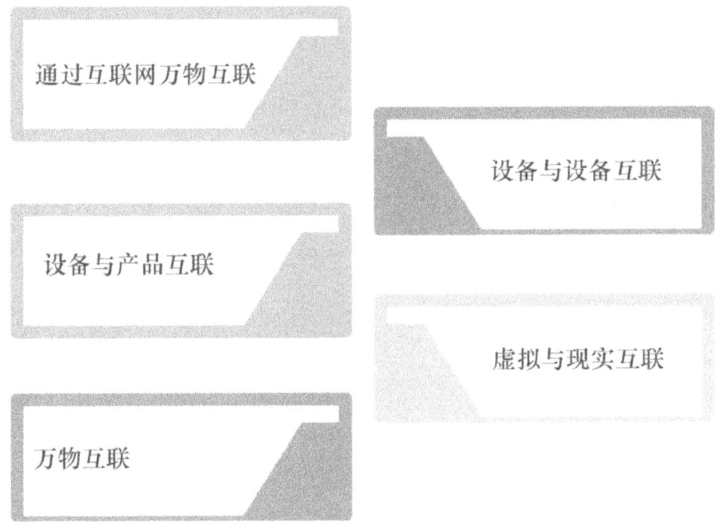

图 1-1　工业 4.0 万物互联

工业 4.0 通过互联网实现设备、产品、厂商和客户的互联，实现传感器、智能控制面板、通信系统和终端接收系统的互联互通。数字化简单操作与现实物理世界需求互联。这些交织在一起，形成一个庞大的通过互联网信息技术互联的体系。多方互通能够更好地让人类的生活实现智能化，这是工业 4.0 的核心思想。

霍尼韦尔名列《财富》100 强。这是一家运用高科技并且多元化的制造企业。其业务涉及广泛，上到宇航产品，下至涡轮增压器，在中国 20 多个城市设有多家分公司，这是一家业务广泛的大企业。是什么让它做到如今的辉煌成绩呢？万物互联是它引以为豪的一点。霍尼韦尔正逐步实现互联建筑、互联工业、互联飞机、互联地铁以及互联机场等一系列的互联。

以霍尼韦尔的家居互联为例。全球已有超过 1.5 亿个家庭正在使用霍尼韦尔的技术，基于互联网通过移动终端设备实现与家居产品的互联互通。不必担心室内温度的变化，如在炎热的夏季下班之前就可通过移动设备控制空调降低温度，回到家直接就能享受清凉了。除了远程智能调控温度，消防系统、安防系统和水净化设备等都实现了互联，真正打造出了智能家居，使人们的生活更加舒适。

霍尼韦尔的成功源于它能够实现产品的互联，从而更好地满足客户的需求。通过万物互联，提高产品的工作效率，使产品智能化，从而更好地服务于人类。

2. 设备与设备互联

通过不同类型、不同功能的设备互联，能够形成智能化的生产链；通过不同的智能生产链互联又组建一个智能车间；不同的智能车间互联，能组成一个智能化的工厂；不同的生产领域的智能化工厂互联便能构建一个智能化的生产制造体系。这些智能的生产链、智能的生产车间、智能的生产工厂都是一个完整的自由个体，但又可以根据需求完美匹配，完全满足消费者的各种需求。

3. 设备与产品互联

设备与产品之间互联是设备之间互联的进一步发展，使生产设备与产品之间能够产生沟通。生产设备能够知道自己产品的生产顺序、知道该做什么；产品能够明白自己的生产信息、明白自己将被输送到哪里去、明白将被如何使用。工业 4.0 意味着智能化的工厂能够在没有人参与的情况下实现自动化生产。工业 4.0 能够让设备与零部件深度交流，最终依托互联使工厂实现自行运转。

4. 虚拟与现实互联

工业 4.0 以现实的信息系统为核心，将物理设备与互联网进行关联。物理设备通过互联网具备了远程操作、计算及通信等功能。虚拟的数字化信息与现实的物理化设备结合起来，让原本冰冷的机器“热”起来，拥有生机。

设备通过自我感知、自我适应、自我判断、自我诊断及自我修复等方式实现智能化，更好地服务于人类。

5. 万物互联

万物互联是指人与人、人与设备、设备与产品等通过互联网交织在一起，能够互相感知，了解对方的要求、进程和数据。这样的改变能够使整个社会的工业结构更加清晰，使生产设备、生产场景以及生活场景清楚地展现在我们面前。人们通过带有感知、传输和处理等功能的终端设备，通过互联网实现与生产物之间的实时管理，最大程度地节约时间和人力成本。工业 4.0 的到来，标志着人类在生产上的智能化管理将越来越完善。

1.2 工业 4.0 是智能制造

智能制造是一个不陌生的字眼。智能化的生产制造能够提高产品的效率和品质，并把人从烦琐的工作中解放出来。自动化的生产、高科技的应用与智能制造相关联。智能制造改变传统的生产模式，建立智慧化的生产和生活体系，如图 1-2 所示。

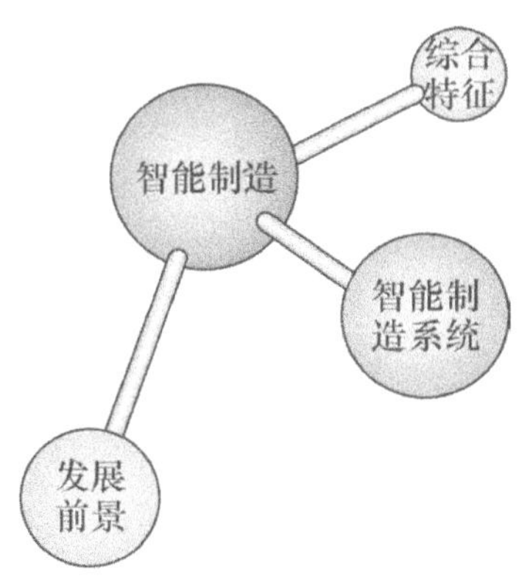

图 1-2 智能制造

1. 综合特征

智能制造是基于新一代信息技术的研究，在设计、生产、管理和服务等各个环节上融会贯通，能够具有自我感知力、判断力和执行力等先进的技术能力，并能运用到生产创造中。智能制造不但包含智能制造技术，还包含智能制造系统。智能技术共同编织成一张智能系统的大网。智能系统能够通过自我学习与改进充实自己的信息库，更好地进行智能化生产。工业 4.0 的目标就是这种智能制造。

在经历过工业 1.0 的蒸汽生产、工业 2.0 的电气化生产、工业 3.0 的信息生产，又将迎来新的一次改变人类生产制造的大变革，即工业 4.0。工业 4.0 要求生产信息化，设备自主智能思考、智能做决断及智能维护与更新。从生产线到用户使用产品一切实现智能化和简洁化。智能制造就是指依靠传感器、通信网络的物理信息系统，实现人、设备和产品之间信息资源的分享与互通。从而实现实时交流、互相认知的作用，是制造业与互联网紧密关联，使生产方式具有组织超柔性、定向性的特征。

2. 智能制造系统

智能制造系统是一个庞大的智能化运作系统，在制造业的每一个角落都有它的足迹。在产品最初的设计、研发到产品的生产，再到产品的运输与维护，每一个环节都有智能化的体现。智能制造系统主要包括智能设备、智能生产、智能产品、智能管理和智能服务这 5 个方面，如图 1-3 所示。

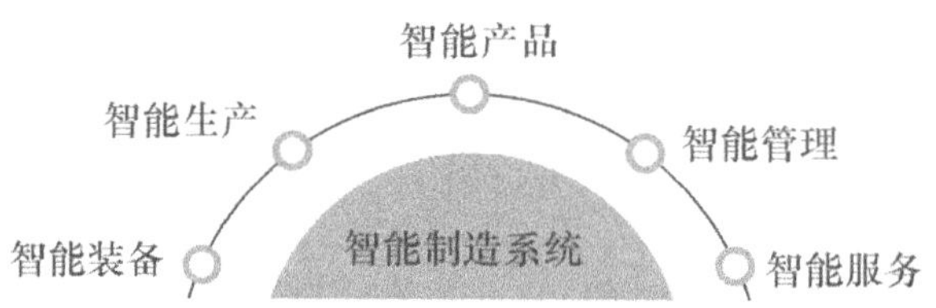

图 1-3　智能制造系统的 5 个方面

（1）智能装备

智能装备包括硬件设施的智能化和人才储备的多元化。软件、硬件一起抓，才能真正组建智能装备。工业 4.0 之所以不同于之前的工业革命，主要是因为它在硬件方面提出了更高的要求。要想达到工业 4.0 智能工厂、智能生产的目标就必须对硬件全面升级。半自动化的产品和设备会被智能化需求的市场所淘汰。企业对于新技术的需求在工业 4.0 时代是很大的，因此智能的硬件设备是必不可少的。这是一个新技术替代旧技术的时代，要全面打开市场，必须在智能装备上下足功夫。

硬件的全面升级要求软件必须跟上进度。要在智能化人才培养方面下更大力度，以此抓住时代变化的潮流，做市场的领导者。不要因为人才的缺失而造成木桶效应，导致制约工业 4.0 时代的发展。加大投入成本，使人员投入与硬件技术的投入相匹配。

（2）智能生产

智能生产是人类的一种理想的生产状态。能够通过使用 PC、智能手机等任何一个智能的终端设备编辑、控制生产的全过程。生产过程中各个环节不断自主地进行交流沟通，最终满足用户的多种个性化需求。用定制代替批量化生产，让产品更合乎客户的心理需求，实现生产小而精。

不同行业、不同企业间开创新的制造模式。重建生产商、消费者和经销商的关系，重组新的产业信息、资金和运输间的关联。工业 4.0 时代到来后生产者不必迷茫，要在新的挑战中激流勇进，探索真正的智能化生产。

（3）智能产品

智能产品与传统产品最大的区别就是它能借助传感器、处理器及存储器等拥有感知、通信和存储的能力。有专家推测，到 2020 年，物联网下的智能产品数量将突破 500 亿。这是个庞大的数字，数量庞大的智能产品主要产生于人们使用的终端设备上。如智能穿戴、智能家居等都是通过智能化的终端设备显示和远程遥控操作的。

小米在年度发布会上发布了首款穿戴式智能设备小米手环。它具有来电提醒、智能震动闹钟、记录分析运动数据和睡眠数据的功能。大众一下子就被这种智能记录运动量、线路的功能所吸引。小米手环与手机互联，使其记录分析的数据能够通过移动终端显示在用户面前。该智能手环一经推出就受到了追捧并引发了运动热潮。

小米手环这种智能化的设备直接改变了很多人的运动方式。以前只是枯燥地运动，现在可以通过小米手环记录自己的运动量，甚至有很多人会乐于分享自己的运动轨迹，用运动轨迹画个桃心之类的。通过运动量上传到互联网，带动周边朋友争相比拼运动的热潮，使得人们的运动更有情趣。小米手环穿戴简单，通过传感器，以互联网为基础，用终端设施接收信息，这样的智能化让用户感到很新奇、很实用。这就是智能产品所带来的便利。

（4）智能管理

围绕产品的生产、使用等多方面信息组合起来，进行产品的智能化管理。提升企业数据的准确性、完整性、及时性和可行性。设备通过信息的交流实现自主决策、自主生产和自主管理。

智能管理是主要以人工为基础，智能设备为主体的全新的管理模式。工业 4.0 时代将会颠覆传统的管理模式，很大程度地减少工业制造对人力的依赖。

（5）智能服务

智能服务是智能制造的核心，智能制造是为了更好地服务客户。企业通过捕捉客户的基本信息，积累丰富的数据。通过这些数据为客户定制更适合的产品。同时在获取客户基本信息的同时还可以对客户的习惯、兴趣、喜好甚至身份、生活状态等做出全面的数据分析。企业由被动被客户选择转变为主动出击，主动迎合客户的需求，做到精准服务。智能服务是一种根据需求主动出击的服务模式。

制造型企业和服务型企业相应相生，随着工业 4.0 时代的到来，很多制造型企业需要向服务型企业转型。制造产品逐渐简单化，而个性化服务的需求力度却不断加大。智能化服务主要在于挖掘客户的隐性需求，制定相匹配的产品，刺激客户购买的欲望。

3. 发展前景

通过上述针对智能制造的描述，想必大家能够大致勾勒出智能制造的轮廓。那么智能制造在未来的轮廓又会是怎样勾勒的呢？车间里只有机器人通过扫描数字信息对产品进行组装，空无一人的无人运输车直接送货上门，客户通过终端设备直接远程接收和操控产品……这些将成为未来智能制造下的生活场景。智能制造究竟能够给我们带来什么？答案如图 1-4 所示。

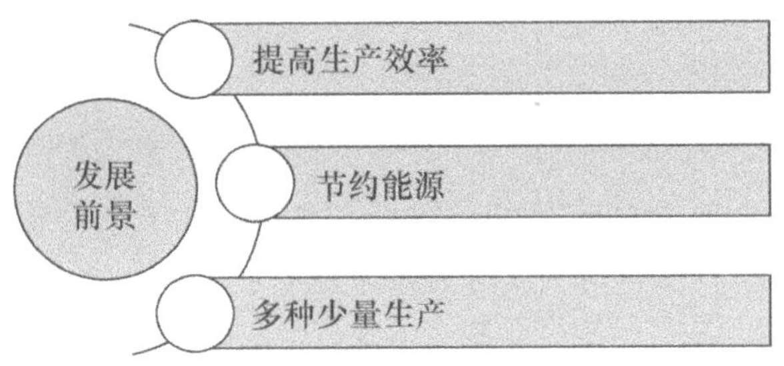

图 1-4　智能制造的发展前景

（1）提高生产效率

当员工一个一个用手组装、依靠人力包装产品时，效率必然不能达到最大化。现今社会高速、大批量的生产是很多企业的共同话题，大家都在追求以最大效率生产。但是智能制造就不一样了，智能制造的全自动生产模式大大减少了时间的浪费，个性化定制又使产品定向输出。

（2）节约能源

资源的节约是人类永恒的话题，人们已经意识到资源的不可逆，想要日后仍旧拥有资源，就要在当下节约资源。一方面，目前，很多工厂在没有生产任务的时候，机器依旧在工作状态下耗损能源，而智能制造能够让机器自己管理自己，在没有工作任务的情况下休息，在接到指令后再启动开始工作，从而节约能源。

另一方面，既然智能制造提升了效率，自然在时间、人力以及其他资源上有了很大的节约。

最重要的是智能制造主要是个性化定制，产品面向小众范围。比起批量化生产的产品更符合客户的个性化需求，避免了由于产品与客户之间的不匹配导致产品废弃、资源浪费。

（3）多种少量生产

目前，个性化定制已形成一种潮流，但是很多产品生产仍不能实现个性化定制。如住宅这种大型高费用的产品，通常我们买房子时都会在一套与另一套之间比较挑选，却往往不能直接表达自己的具体需求，再根据具体的需求建造提供房源。很多产品自身是有一套完整的生产程序的，企业间、零件与零件之间不能互通，让客户失去了选择的机会和定制需求的满足。智能制造就针对这种个性化需求支持客户定制产品。一个勺子用什么材质、刻什么花纹、上什么样颜色等，这些都是可以定制的。多方面满足客户的需求，“撞衫率”大大下降。

根据客户定制需求生产出多品种但少量的产品。随着时代的发展，大批量生产、大规模销售的形式已经逐渐被网络零售、柔性化的生产所代替。规模化的生产并不完全被个性化的定制所取代，而是相互的结合，达到更高效率的生产。在很多方面客户的需求大致是相同的，而在少数方面追求个性化。工业 4.0 时代主要是了解客户的全面需求，针对客户的需求制造品种多样的产品，少量生产，使小众客户从中得到满足。

智能穿戴设备、智能机器人等形成的“智能潮”向消费者席卷而来。消费者对这些智能产品表现出很浓厚的兴趣以及期望。Facebook 也想走在智能浪潮的前沿。

Facebook 是全球第一大网络社交平台，在全球拥有 14 亿用户。2016 年 4 月，Facebook 发布了一款新型屏幕阅读工具，能对图片上的内容进行自动语音描述，从而让盲人或视觉障碍者“看到”图片。

当盲人阅读时，语音自动播放识别图片文字，并会告诉用户点赞和转发等信息。但是目前这种智能设备还不是很完善。照片描述被控制在 100 字以内，因此描述不会十分具体。就像它会告诉你在院子里有两棵树，但不会告诉你这两棵树开满了花。或者它会告诉你这张照片中有一个马克杯，但不会告诉你马克杯上有一个卡通鸭子的图案。这款智能识别系统目前只在苹果手机应用里推出，并且只支持英文。

Facebook 希望能改进这一技术，使其提供更详细的描述，甚至回答出使用者关于照片的提问，并计划将这项智能识别技术应用在安卓系统和网页中。Facebook 官方数据显示每天都有超过 20 亿的照片上传。这就要求 Facebook 必须建立一个庞大的图片数据库，用于智能化识别图片技术。Facebook 首席技术官迈克 · 施罗普弗认为，发展人工智能技术主要是为了掌握用户的兴趣点并筛选分析，进而为用户提供其更感兴趣的全面的信息。

Facebook 根据盲人这个小众群体阅读的需求，为其设计了可识别图片的智能技术。这使得盲人的个性化需求得到了满足，因而受到很多盲人朋友的欢迎。客户的兴趣和需求就是企业必须关注的。在工业 4.0 的趋势下，企业的生产更多元化、少量化。批量化生产将不复存在，个性化定制将占领整个时代。

1.3 工业 4.0 是集成创新

工业 4.0 时代下的生产制造要想在激烈的竞争中脱颖而出，集成创新是一条必经之路。所谓集成，就是实现企业内部、外部管理体系的互融，信息资源的分享；所谓创新，顾名思义，推出新产品、新技术、新模式进行改革，优化生产制造是创新的最终目标。

1. 集成

集成是指企业在不同应用系统之间实现信息共享，用传感器、接收终端系统、控制系统等形成的智能网络体系间的融合，实现服务与服务之间互联。企业集成可分为企业内部集成、企业外部集成、端对端集成 3 个方面，如图 1-5 所示。

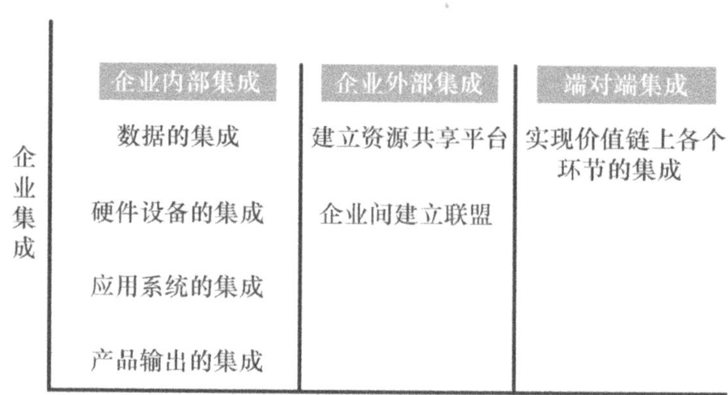

图 1-5 企业集成 3 个方面

（1）企业内部集成

企业内部所有生产环节的信息都实现无缝对接，这是企业内部的高度集成，这是生产智能化的基础。简单地说，就是在所有的生产层次、环节、水平或者跨流程、跨部门之间形成高度集成化。企业内部集成主要体现为数据、硬件设备、应用系统和产品输出的集成。

① 数据的集成

企业内部的集成首先要解决数据和数据库的集成问题。数据集成能够使不同系统之间信息互通交流。数据集成的特点是简单、低成本、易于实施，但是对不同系统需要有深度的了解才能实现数据集成。

数据库集成是把数据编组分类，建立统一可互通的系统。有这样的一个详细分类的“库房”后，数据才能有条理地被加入进去，并实现数据共享。目前大部分企业主要采用数据复制、数据聚合和接口集成等。

② 硬件设备的集成

企业的基层硬件设施必须实现集成。这包括生产的操作平台，如各类大型机、工作站、微机等技术设备；更要有实际生产设备，包括机床、车床、自动化工具、流水线设备等。 这是企业集成化的基础。

③ 应用系统的集成

不同系统间实现集成，可以互相操作，从而更好地实现资源共享，为企业的进一步集成化做好铺垫。

④ 产品输出的集成

产品在生产上集成后也要在产品输出方面进行规范化整合。企业需要在产品输出中提取产品概念、营销、物流和维护等各种信息，互相交换沟通。以便于节约成本、改进产品、提高效率，从而使企业达到利益最大化。产品输出流程上的集成使得不同应用系统中的流程能够实现无缝连接、协调运作以及信息共享。

（2）企业外部集成

企业外部集成是指跨出企业内部，扩展成不同企业间的集成。企业之间通过价值链和信息资源共享实现整合。企业与企业之间无缝连接，使产品从研发再运送到消费者手中实现最大的效率。

① **通过互联网平台与其他企业互动，共享行业信息资源，最大限度上满足消费者的需求**。最后整合资源，选取最优方案把产品送到客户面前。

② **企业合作伙伴之间建立联盟，互相促进发展，重塑企业的战略模式和竞争优势**。通过合作，企业之间能够组成一个相对稳定的网络资源共享系统。这可以提供单个企业所无法提供的产品和服务，并获得单个企业无法完成的订单。这需要完全实现联盟内企业生产过程的集成。

截至目前，滴滴出行已覆盖国内超过 400 个城市，滴滴专车占据了 87.2% 的市场份额。现在它又大力开拓海外市场。

2016 年 4 月 12 日滴滴出行与 Lyft 对外宣布完成一期产品打通，“滴滴海外”正式上线。“滴滴海外”主要为出境游客提供国外出行服务。也就是说中国游客去美国游玩可以使用“滴滴出行”APP 呼叫 Lyft 的运力。Lyft 的运力覆盖美国 200 多个地区。“滴滴海外”界面使用中文显示，基本与在国内叫车一样，并且自动进行汇率换算直接显示人民币消费金额，支付宝支付、微信支付等这些国内支付方式都可以成功支付。同时有翻译功能，能够让沟通不便的双方轻松实现下单。

通过企业与企业之间的互通，滴滴扩展了更大的业务平台，也将带来更大的业务量。滴滴、Lyft、Grab 和 Ola 之间的互通还将继续深入。2016 年第二季度，Lyft 以同种方式开拓了中国这个庞大的市场。CNNIC 数据显示，这四大出行方完全集成化后将实现中国、美国、东南亚和印度的无缝出行，覆盖全球 50% 的人口。

滴滴专车通过合作、建立联盟的方式，通过不同国家的同行将信息共享、资源共享，企业间互通，实现资源整合。通过这种联盟的模式，能最大程度上使彼此的信息、客户共享，达到更好的经营效果。从而实现 1+1 ＞ 2 的最终目标。

（3）端对端集成

端对端集成是指实现在整个价值链上各个环节的集成。通过不同企业间资源的整合，实现产品从设计研发到后期维护间各个环节的制造商、分销商等的无缝连接。实现端对端所有端点互联，实现统一管理和服务，重塑产业链价值体系。

2. 创新

工业 4.0 实际上是工业上的又一次重大创新。在信息技术创新背景下新的传感器、新的互联网移动技术、新的人工智能技术等新型技术不断出现和改进，为工业的集成化打下了良好的技术基础，如图 1-6 所示。

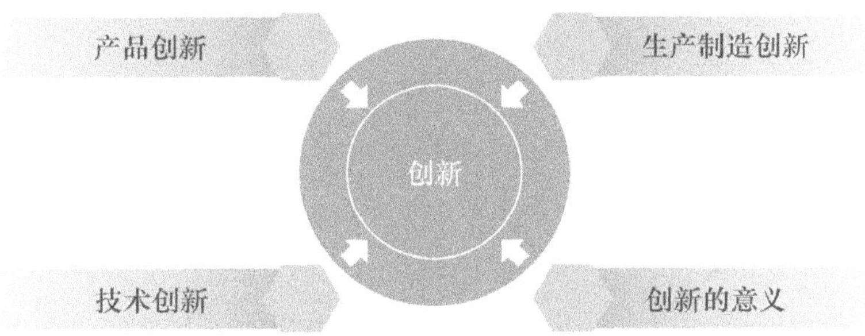

图 1-6　创新类型

（1）技术创新

技术创新是人们生产制造的第一大关，先进的技术总会受到很多人追捧。在工业 4.0 时代越来越多的创新技术先后诞生，如 3D 打印技术、NFC 近场通信技术、可穿戴智能设备技术等。利用大数据、互联网技术能够收集庞大的数据信息，改进产品功能，完善生产需求配置，并且工厂内的数控机床技术也让生产效率提升、质量提高。

技术的创新是时代变化的先行者，要想拥抱一个智能化的工业 4.0 时代，就需要不断地进行技术创新。

（2）产品创新

工业上的最终目标就是实现产品的创新，所以产品设计就变得尤为重要。在工业 4.0 的时代下，产品正逐渐向数字化、智能化靠近。

产品创新应遵循可持续的理念，要把人与环境结合起来，协调统一。产品实现自身价值的同时也注重了生态的保护，使人与自然和谐相处下去。产品的不断创新是为了更好地服务人类，人类能够通过使用产品使生活更美好。若是单方面注重当下利益与产品需求，不顾生态环境肆意生产，必定会反被自然所反噬。在产品设计中应尽量减少使用能源，尽可能地使用可再生能源，尽量不损害自然环境。并且还应注重产品生命周期，生产可持续性使用和可降解、回收的产品，以此减少资源浪费、环境污染。

产品创新应适应人性化需求，因为产品的最终使用者是人，所以要尽量满足人对产品的需求，让人的生活更方便和理想化，这就要求产品设计时要站在使用者的角度考虑问题。在批量化生产的今天，人们对个性化的需求越来越大。产品创新应适应这种变化，针对小众的客户需求，做出针对性的产品或定制产品。

（3）生产制造创新

从大规模批量生产到个性化定制生产，生产模式由原来的追求量，到工业 4.0 时代追求质。通过技术的创新、智能化的管理，批量化生产满足需求已经不再是工业生产的目标了。如今，个性化定制逐步走进人们的生活。在量的满足后，人们开始寻求个性的体现，衍生出个性化的需求。在企业的竞争中，质优获胜，而只注重量的生产注定会被市场所淘汰。这一切都产生于危机意识。

生产型转化为服务型。服务型的创新模式是未来生产的发展方向，越来越多的企业在产品中融入许多增值要素，以此来提升产品的竞争力，让产品由生产型模式转变为服务型生产模式。这是当今工业社会的大方向。

（4）创新的意义（图 1-7）

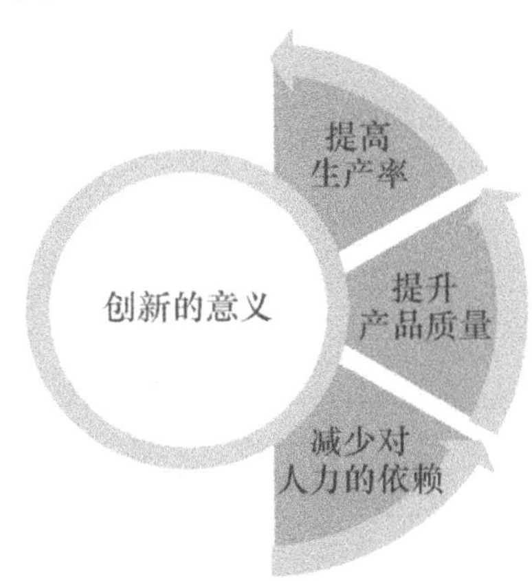

图 1-7　创新的意义

① **提高生产率**。产品生产过程自动化、智能化，对比传统的工业生产，能保障产品的生产数量，提高生产效率。

② **提升产品质量**。人工被智能设备取代，避免了人工疏忽造成的产品瑕疵，能够最大程度上保证产品质量。

③ **减少对人力的依赖**。传统生产采用大量的人力进行日常生产。智能化的生产则改为全自动生产模式。只需对整个控制平台进行人力监控，把人从生产线上的辛苦劳动中解放出来。

1.4　工业 4.0 是数据传递

数据的传递是企业智能化的先决条件。只有通过数据传递才能实现设备间、企业间相互贯通，达到智能化生产。产品在生产过程中不断产生新的数据，再对这些数据进行归类、记录和分析。从而实现双方地沟通交流、智能化生产。

随着大数据的研究出现，数据对于生产制造越发重要。根据强大的数据可以进行合理精准地推测、判断，进而数据的传递也就成为工业的一大要素。

通过互联网利用终端设备在设备间、企业间、生产商与客户间的数据传递，可以实现在生产、销售、维护整个的生产运营过程中实时分享数据信息。客户使用产品更安心，企业利润更大。数据类别如图 1-8 所示。

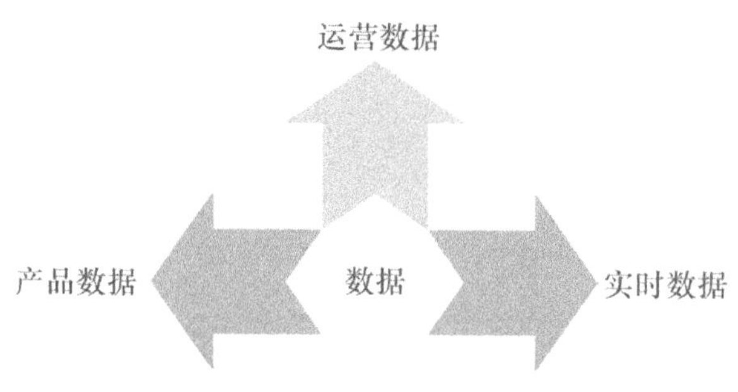

图 1-8　数据类别

（1）产品数据

产品的各项数据都会做详细的记录、统计。产品的生产生命周期是通过这些数据进行管理的，在产品生产和升级的过程中，通过数据实时监控产品的生产状况，分析产品的需求，从而满足客户的需求。

（2）运营数据

对生产、营销和物流等方面用传感器获取的数据进行分析。各个环节的数据情况能够帮助管理者更好地做出准确的决断。例如，产品生产前进行市场调研，通过一份份数据的统计，预估市场对新产品的接受度，从而调动价格加以平衡，或是进一步向客户所需要的产品改进，并且可以动态地调整产品的价格、库存量，以适应市场变化。有效避免产品生产过剩或者货不对版的现象。

（3）实时数据

随着生产制造的智能化，生产速度的提升，实时数据成为很重要的决策依据。时间就是生命，工业 4.0 时代下的每一秒，生产者、消费者和分销商等都在不断变化，源源不断地产生新的数据，这些数据渗透到生产的每一个角落里，对生产制造有着重大的意义。

只是搜集一箩筐的数据并没有意义，数据的最大需求就是传递，要把有价值的数据通过互联网传递起来，实现万物互联，通过收集数据实现数字化的管理，如图 1-9 所示。

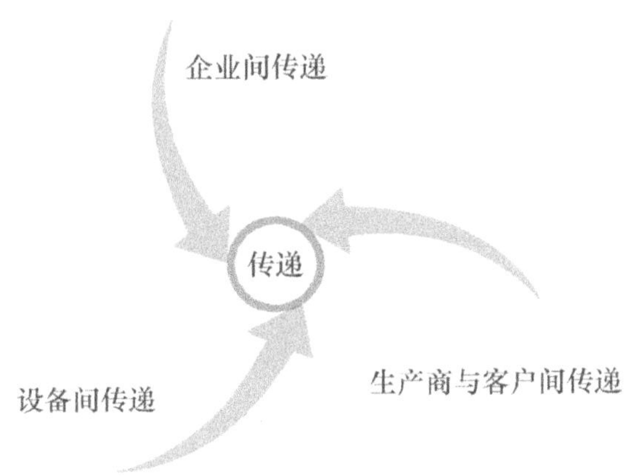

图 1-9　实时数据传递

（1）设备间传递

设备间传递是指在产品的不同工序间传递数据，包括产品的基本信息、下一步的指令数据和设备间的合作数据等信息。通过数据的传递让机器明白生产的工序，并依靠数据进行有序生产。例如，设备通过扫描二维码了解产品需求为红色，则发送数据信息给喷漆的设备，让其正确地喷涂红色。设备间的交流主要就是靠数字化的数据进行的，所以实现设备间的互联首先要保障数据能够在设备间不断传递。

（2）企业间传递

不同企业间分享数据，同步借助对方提升自己的产品竞争力。通过将数据上传到统一平台的方式实现数据的传递。拥有更细致的数据将会改变企业产品的生产和营销，使其产品更加受客户喜爱，营销更能“狙击”客户的心。

（3）生产商与客户间传递

生产商直接与客户间进行数据的传递。客户通过数据表达自己的具体需求，生产商根据这些具体需求为客户定制个性化的产品。例如，客户需要一台前置摄像头 800 万像素以上、后置摄像头 2000 万像素以上、屏幕在 6 英寸左右、系统支持安卓 4.0 以上、颜色为黑白色的手机。通过这些提供的数据，生产商能十分明确地了解客户的需求，从而为客户提供更适合的产品。这样的数据传递，不仅使客户购买商品效率更高，还能满足客户的个性化需求。

“蚂蚁小贷”是一家小微贷款平台。对于“贷不贷”这个问题，蚂蚁小贷总是用庞大的数据分析来回答。基于互联网的使用，“蚂蚁小贷”能够发现潜在客户的诸多数据，如客户正在经营什么生意、生意交易量如何；又如客户经营是否勤快、是否有过不诚信事件，甚至还包括客户在朋友中的可行度高低、客户喜欢中餐、西餐，等等，这些数据的丰富程度大大增加了“蚂蚁小贷”贷款的可信度。在“全面了解客户”这点上，“蚂蚁小贷”拥有了数据的优势。但是数据并不是摆设，是要看如何“运算”。

把数据进行分类统计，进而分析评测。例如，“蚂蚁小贷”的算法工程师们建立了一套算法模式来处理这些大量数据，给客户的信用度进行评分，从而区别“好人”和“坏人”。基于这些海量的数据计算出的信用分值是蚂蚁小贷“贷不贷”的衡量准则。

和传统数据分析不一样，工业 4.0 时代下的数据分析是实时进行的。这能保障客户在贷款时不会因为“黑历史”被一棒子“打死”，每次按期还款等信用提升的举动都可以实时改变信用分值。通过客户的全方面数据的不断更新实时检测计算的准确与否。“蚂蚁小贷”基于大数据在企业内部的传递分析，提升了智能水平，实现了传统模式下难以实行的小微贷款。

通过与用户间的数据传递，“蚂蚁小贷”掌握了全面的客户信息，从而依据数据信息对自己的贷款行为做出一定的可行性判断。这就是数据传递的基本作用，庞大的数据为我们提供更为精细的分析和判断，使产品更适合客户。

1.5 工业 4.0 是模式转型

在工业 4.0 时代，传统的生产模式已经不能适应市场的需求，亟须及时改变企业的生产模式，使企业得以在工业 4.0 时代下得以保存与发展，模式转型如图 1-10 所示。

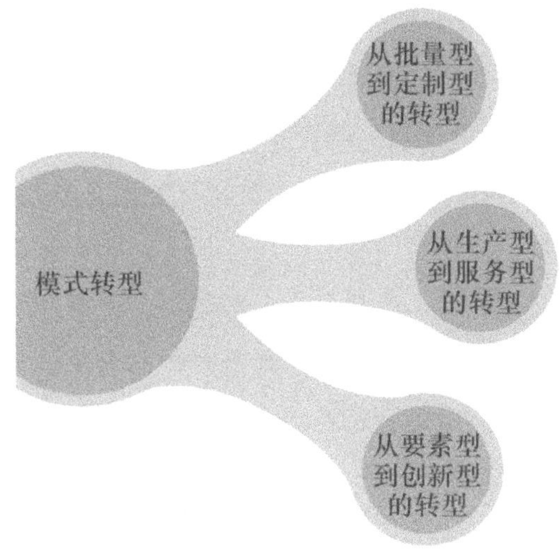

图 1-10　模式转型

1. 从批量型到定制型的转型

传统工业多依赖人力走批量化的生产路线，大规模的生产可以降低生产成本，从而收获更多的利益。而工业 4.0 下的个性化定制则根据客户的需求生产产品。以扁平化的方式生产和销售，通过减少中间环节、加大产品附加值来获取更多的利益。

耐克（NIKE）作为一个老牌的运动品牌。从定制商品、定制服务到定制广告，耐克已经完成了真正意义上的“私人定制”。搜索耐克就能看到 Nikeid 这一专门的定制网站，包含男女跑步鞋、篮球鞋、运动服和运动装备等一系列的定制产品。例如，用户可根据自己的喜好挑选跑步鞋的内衬、气垫、鞋带等所有部分的颜色、面料，甚至可以定制鞋带孔的颜色、数量和材质。并且还可在鞋上设置自己的专属签名以及地区名等。最终能够利用 3D 技术立体地展现给客户，以便客户更好地了解自己所购买的产品。

现在耐克又推出了定制广告。针对北美地区设置主题为“超越你”。整个广告融汇了“因人而异”“因地制宜”和“北美通用”的元素。根据智能化可穿戴产品收集会员的运动数据信息，前 10 万名活跃的会员会因为所在城市、天气、运动项目的不同，而拥有不同的个人版广告短片。这大大弘扬了会员的运动精神，耐克也因为这项个性化定制吸引更多人的关注，提升了品牌的知名度。

耐克一直追寻个性化、高端化的生产理念。定制产品、定制广告之所以受到欢迎是因为人们已经不满足于简单的产品需求，逐渐注重个性化的彰显和更适合的产品。因此我们在工业 4.0 时代下要向耐克学习，逐步实现由批量到定制型的转型，这样才能顺应时代的发展潮流，使供需“合拍”。

2. 从生产型到服务型的转型

客户往往对产品的生产研发是没有发言空间的，没有办法参与，但实际使用方却是客户。这就造成货不对口，不能满足客户对产品的需求。通常生产者生产什么，客户购买什么，而工业 4.0 时代下的产品由生产型转变为服务型。根据客户的需求生产产品，让客户参与产品的设计，让产品更合客户的心意，以此吸引更多的客户选择产品。

当下的产品已经能够很好地满足客户对于量的基本需求，很多客户开始追求个性化的产品。所以产品从生产型向服务型的转变是工业 4.0 时代的必然趋势。

3. 从要素型到创新型的转型

传统工业多趋向于用大量资金、廉价劳动力以及大量资源要素来促进经济的发展，是一种原始的工业模式。高速发展的代价是资源的枯竭。工业 4.0 时代到来将打破这种生产模式，转向创新型生产。创新生产通过智能化地管理以及利用最新型的可再生能源，减少对自然环境的破坏，更好地实现资源的可持续发展。

很多创新大国通过创新来提升其在国际市场上的竞争力，通过自主创新让自己的产品走在潮流的前沿，从而引起购买欲，利用创新提高经济实力的同时提升综合国力。在工业 4.0 时代，新技术、新设计、新产品和新服务等都能通过创新型的生产模式推出，让人的能力发挥到极致，推动生产智能化，加快工业 4.0 时代到来的步伐。

站在工业 4.0 时代的风口浪尖，陕鼓动力作为重大装备制造行业的龙头企业，也开始谋求从生产到服务的转型。全力推行从单一产品制造转变为解决客户问题、为客户服务。

绣岭温汤的骊山脚下，陕鼓动力默默地开拓着中国透平机械事业，公司五大类、80 多个系列、近 2000 个规格的产品，已广泛应用于化工、石油、冶金、电力、城建、环保、制药和国防等国民经济支柱产业领域。

传统的开采生产造成了石油等的产能过剩，并且生态环境也因此受到“伤害”。公司敏锐地意识到必须转型。怎么转型？陕鼓集团总经理陈党民表示要“有所为，有所不为”：增加产业链的扩展，减少对能源的消耗和污染。努力增加产品附加值，扩展产业链，由制造型生产转变为生产服务。一方面加强研发可持续性资源部分的投入，另一方面开拓工业服务、开拓售后市场及维护服务业务，实现要素型到创新型的转变。

在工业 4.0 的时代驱动下，原有的利用不可逆资源进行生产的企业，逐步意识到资源的不可逆性，转而注重生态环境的可持续发展。依据这些，由制造型转向服务型，把产业链拉大，以服务的形式提供自己的产品。由卖东西转变为卖服务。这种模式更适应当下的市场，并能给企业开发出潜在的利益。

第 2 章
掌握工业 4.0 的基石与核心，完善转型战略和发展模式

随着工业 4.0 时代的到来，企业需要灵活转变以应对市场的变化。掌握工业 4.0 的基石与核心，就成为企业转型发展的一条成功之路。

2.1 工业 4.0 基石

精益化生产是工业 4.0 时代的基石。要迈入工业 4.0 的大门，就要依据精益化生产完善自己的定制模式，最终实现规模化定制。个性化的需求是必然需求，但是人在很多方面的需求都有相对一致性。打好精益生产这个基础，利用庞大的数据，通过互联网平台达成工业 4.0 的转型战略。这要求我们必须在硬件、软件、人才、互联以及流程优化方面做出革新。

1. 硬件升级：构建基础

在工业 4.0 的发展趋势下，硬件设施的升级是一个必要条件。当我们有了强大的定制化服务后，若是没有智能化的机器进行生产组装，那么产品的生产效率可想而知。100 个仅仅是颜色不同的产品却需要重新设计 100 次并制作 100 个模板，并且一个模板只能使用一次。这样的生产效率自然是不能满足客户需求的。那么，什么样的硬件基础才能适应工业 4.0 的潮流呢？答案如图 2-1 所示。

图 2-1　硬件基础

（1）自动化生产设备

实现生产自动化是工业 4.0 一个永恒的话题。现今的工业生产虽然基于信息技术的发展能减少人力成本，但是终究是半自动化生产。要实现真正的智能生产设备完全替代人力还需要进一步改进现有的技术。

（2）新能源生产

工业 4.0 不仅仅是生产智能化，在高速生产产品的同时也要注重资源的再利用和生态的可持续性发展。当为了生活所需，而不加节制地开采能源、浪费资源、破坏生态之时，等待我们的是同生态环境一样的结果。因此，使用新能源是一个强大的硬件基础。这里新能源是指可再利用、再回收及无污染的能源，如风能、太阳能等绿色能源。要减少对不可再生能源的使用以及对生态环境的污染。

（3）智能物流

智能物流是以物流管理为核心，在运输、存储、包装、装卸等环节本着“以顾客为中心”的理念，根据客户的需求灵活改变物流环节，最终实现整合资源后的合理分配。

工业 4.0 时代下的服务型工业模式会越来越多，这是时代发展的趋势。因此送货上门就是工业智能化中很重要的一环。通过智能化的物流，快速准确地把产品送到客户的面前，是现今的目标。

除了与客户之间的物流，企业之间材料和材料的往来也同样需要智能物流。当企业的某种原材料缺少时能智能化自动下单，并且自动接单和配送完成交易。

这是企业多么期待的未来场景。随着无人驾驶技术的发展，还可以实现完全自动化、自主化的智能物流体系。我们的工业化生产将因此而变得十分便捷。

顺丰作为中国快递行业的龙头老大，智能化的物流系统是必不可少的。目前很多物流企业都是采取人工扫描分拣入库的方式进行分拣，不仅人工消耗大，效率也不尽如人意。为了进一步提升顺丰的生产效率、减轻人力需求、得到更多的收益。增大仓储规模的同时，顺丰也使用智能的自动分拣系统。自动分拣系统有很高的效率，通常 1 个小时就可以分拣商品 8000 箱左右，大大提高了物流配送效率 。

顺丰的自动分拣系统由控制器、分类器、输送器和分拣道口组成。控制器主要用于识别、接收分拣的信号，再按照指令进行分类，并且支持多种方式操控，如条形码扫描、色码扫描、键盘输入、语音识别等。根据接收到的信号决定商品进入的分拣道口。分类器针对商品的不同，进行不同的分类。对玻璃等易碎商品会采取轻柔的分类手法，再通过输送装置输送到分拣道口，最终装车入库。这 4 个装置通过互联网，配合人工控制组成了一个完整的自动化分拣系统。

顺丰的智能自动分拣系统因为基本不使用人工因而能长时间、大批量地分拣货物，并且不受气候、时间、人的体力等的限制。自动化分拣系统每小时可分拣 8000 件商品，人工只能分拣 150 件左右。分拣效率得到了明显的提升。分拣误差也因此极低。实现了基本无人化，大大减少了人力的投入。如今自动分拣系统已经成为先进物流企业的“标配”。

顺丰的自动分拣系统具有效率高、误差低、人力依赖少的优点，将智能物流的概念灌输得非常完美。智能化物流应该全面推进，并在运输、配送等多个环节进行智能化改进。这也是工业 4.0 时代的发展趋势。

2. 软件支撑：采集信息

信息采集是指从传感器和其他测试设备等数字化接收信息，并上传到统一的中心平台进行分析。信息采集系统是结合互联网和专用测试机器来实现灵活多变的测量系统。采样方式通常多种多样，例如，平时在大街上被邀请填的调查问卷，又或是购物后填写商品评价，都是采集信息方式的一种。随着互联网的发展，有更多的方式可以采集信息。

（1）监测设备信息

监测设备信息是指在硬件设备中嵌入软件，通过各种设备和系统进行实时自动化的监测、管理、调控。一般分为操作系统、数据库、开发工具等。人力采集信息有其可用之处，但是大量的数据信息就需要用软件进行采集了。尤其在工业制造中，庞大的数据信息的采集，是人力所办不到的。

每一个产品都要经历多道工序才能上架出售，在产品的生产过程中设备不断地运转，每一步骤都会产生新的数据信息。这些大量的信息就是机器的运转记录以及产品的生产信息。因此，这些数据的采集是很重要的，并且应进行实时信息采集。耗费了这么大的功夫进行信息采集工作，信息采集的意义又是什么呢？答案如图 2-2 所示。

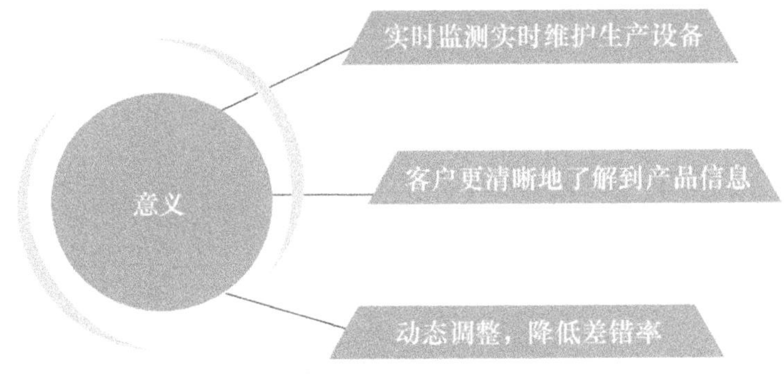

图 2-2　信息采集的意义

① 信息的采集能够实时监测生产设备，及时有针对性地对设备进行维护

和修理。

② 产品信息记录完整能够使产品生产更加透明化，让客户更加了解产品，并且在产品出现问题时能及时找到问题的症结以便采取举措。

③ 基于信息的实时监测和分析，可以根据市场需求动态进行调整，产品生产的差错率能够明显地降低，产品的安全性能够得到更大的保障。

（2）研发产品信息

产品周期管理中，产品的研发设计、营销策划等一切的活动都离不开信息的支持。采集信息的目的是为了分析信息，制订计划；也为了更好地分析客户的喜好和多样的要求。只有通过信息采集获取大量数据，才能更具体准确地了解客户的心理。

产品的生产一定是经过了缜密的市场分析。那么如何分析市场呢？就是通过利用信息。大多采取抽样等形式，以小析大。但是这个“小”却不能小，为了得到更精准的分析预估，必须要收集海量的信息，以保障能得到大多数人的不同意见。采集信息的意义如图 2-3 所示。

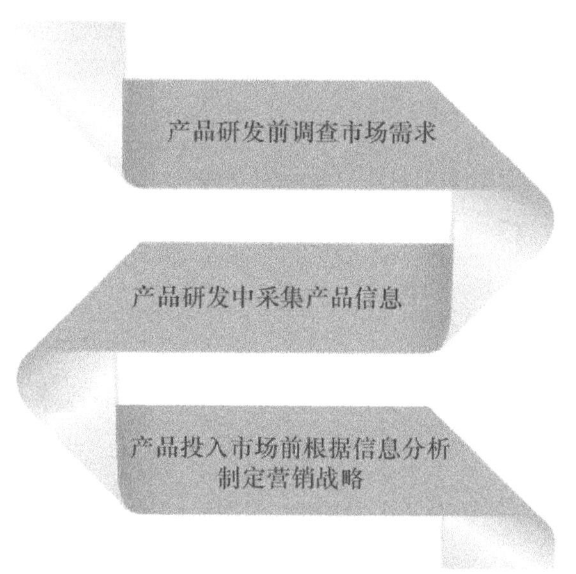

图 2-3　采集信息的意义 2

① **产品研发前调查市场需求**。了解客户需要什么我们生产什么，顺应市场的需求对于日后产品的销售尤为重要。尤其是工业 4.0 时代下，个性化定制被提上日常工业生产，为了更满足客户多元化、个性化的需求，全面的市场调研是必不可少的。可以依托网络、媒体通过问答或建议的形式获得客户的可信信息。

② **产品研发中采集产品信息**。通过产品的试用等方式实时获取信息并及时针对客户的需求进行进一步改进。通常很多产品都会在产品最后标注“如有意见建议请拨打电话或发送邮件信息”，这就是获取客户反馈信息的一种方式。例如卸载搜狗软件的时候，并不会直接卸载，它会配上可怜兮兮的表情表达不想被卸载并问为什么卸载。当客户面对这种情况时就会选择不卸载或者是告知明确的意见。企业由此获得意见用于之后的产品改进。

人们在日常出行中已经习惯用电子地图查找目的地、路线以及导航。三维立体呈现的地图可以放大再放大，一条小路和一家小商店都不会“放过”。这些地图的庞大信息量是如何精准地复制进电子地图中的？又是怎样分析选择最佳路线的呢？高德地图向我们揭开了真相。

目前，高德地图的数据均来自高德数据生产基地，1300 余名“地图采集员”及 300 余名研发人员支撑着这个庞大的地图数据库。高德联合创始人姜德荣认为，数据就是地图厂商的命脉，没有数据就没有服务。我们在地图上搜索的两个地点间的步行时间，是步行采集员每天徒步 15 公里测量的。

一条新道路的维修、一座新大厦的建立都会使高德地图原有的信息失准。高德地图则采取纠错这种方式进一步更新自己的信息数据库。用户在使用高德地图时发现其中的一些路线的地点失准后，便会主动纠错，帮助高德地图完善自己的信息。高德地图接收到纠错反馈后会及时派监测车辆、人进行细致的采集，包括红绿灯标志、路况、街道长宽。这样的一次纠错往往只用半小时就可以成功，效率高并且信息准确。

高德地图通过大量的用户纠错信息的支持，及时完善自己的信息库。这种信息更新模式是建立在用户的需求之上的。用户需要哪里的路线，高德地图就完善哪里的路线。因此高德地图才一直居于导航企业翘楚的位置。

③ 产品投入市场前根据信息分析制定营销战略。由于经济的发展，商品越来越多元化，要想在同行间站稳脚跟，除了产品的硬性价值，营销同样是必不可少的。企业通过多种营销的数据信息进行对比，针对适合的营销战略进行分析，打造最能激起购买欲的营销战略。

工业的智能化往往根据大数据的支持，如何更好地采集信息便成为建立健全的数据库的先决条件。信息采集应注意以下 3 点，如图 2-4 所示。

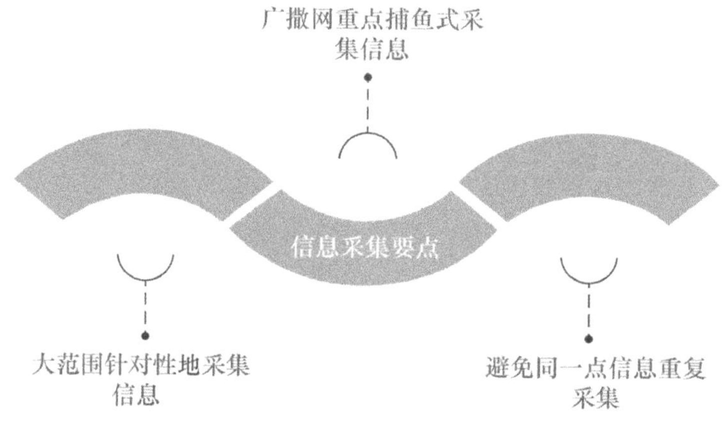

图 2-4　信息采集要点

① 大范围针对性地采集信息

有明确的市场定位，根据客户人群重点采集信息。加强了针对性，可以减轻采集信息的量。

② 广撒网重点捕鱼式采集信息

进行全面、足量信息的采集。单单一两个数据样本起不了很大的作用。尽量获取更多的信息数据信息，提升信息的精准度。大范围的信息采集，重点信息进行分析处理。虽然大范围采集信息费时费力，但是精准度是它的一大优势。现在是大数据时代，信息都堆成山，要想获得全面的认识和准确的分析指导，大量的信息采集是基础。

③ 避免同一点信息重复采集

时间、地点等客观因素一般会对信息产生一定的影响，使信息失准。同一人物对同一事件的认识是相同的，因此采集信息是需要多元化、个性化的信息。要通过不同的想法分析问题，若是众口一词，那么也就失去了采集信息的意义。

一个实习生做关于选择超市喜好的调查，得到的调查结果是，99%的人喜欢同一家超市。问及原因，原来是因为这个实习生的调查地点正是这个“大众都喜欢”的超市门口。这样就失去了广阔的个性化信息的采集。因此，要避免同一点重复采集信息可以增加信息的精准度。

3. 人才保障：关键资源

人是目前世界上最聪明的生物，人工智能的机器还不能够超越人类在工业上的作用。因此人仍旧是工业生产的关键资源。智能化生产的出发点就是为了把人从繁忙的生产线上解救出来，实现自动化生产，让人参与到更有价值的劳动中去，发挥最大的智慧力量。

我国是一个人口大国，并且还是一个农业大国。现在的城镇化之路上，我国农村人口大约只有 6.7 亿。一个工人创造的价值大约是一个农民的 20 倍。因此，劳动力人口的转移会很大程度上提高生产效率。人多能量大就是这个道理。当工业走向智能化已经不单单是人多就可以的，丰富的知识储备才是重中之重。

要实现向工业 4.0 的转型，人才的保障是必不可少的。人研究智能技术，建设智能化工厂，调查大数据，管理智能系统。无论工业发展的自动化程度有多么深，人终究是工业的指导者和消费者。因此，为了更好地适应工业 4.0 的革新，人才的储备是一个先决条件。

这是一个量变到质变的过程，自动化生产的工业制造已经不需要投入过多的人力了，而在管理操控系统和创新方面，仍需要更高水平的技术型人才。怎样保障人才这个关键的资源呢？答案如图 2-5 所示。

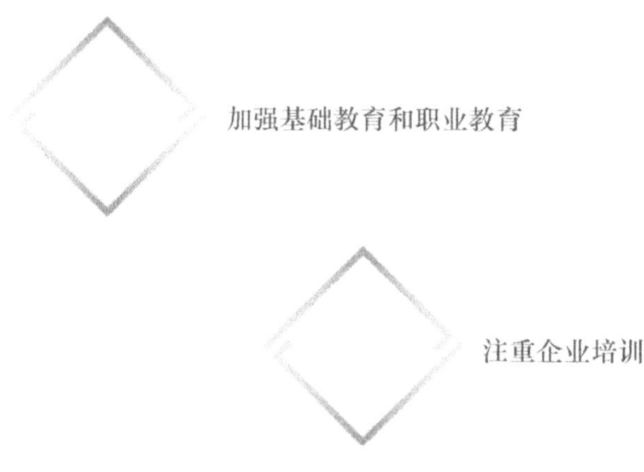

图 2-5　人才保障的方法

（1）加强基础教育和职业教育

首先要最大程度上保障基础教育的普及，只有基础打好人才能拥有更多的社会技能，以适应工业 4.0 时代的改革。但是当今社会大学生毕业找不到工作，企业又寻不到人才的现象随处可见。教育部门统计每年的大学毕业生大约 700 多万人，很多大学生自嘲“一毕业就失业”。国内的教育普遍实行全科教育，数理化样样不能少，但真正的实践机会却很少。

“德国制造”与“中国制造”人才不同。德国注重职业化教育，在德国 70% 左右的青少年会接受职业化教育。在大学教育与职业教育的选择中更是有 80% 左右的人选择职业化教育。在教学方法上也强调教学过程中教育理论和实践的结合，而非专业性的知识授予。课程上有很多如主题式教学、实践式教学、开放式教学等培养应用人才的教学课程。

中国在人才方面也应向制造大国德国学习。注重全面发展的同时，注意职业化培养、定向培养等。让企业觅得到真正有“实战”经验的的人才。这样才能更好地推动工业化进程。

（2）注重企业培训

往往在新入职的员工会有一个实习期，在实习期对新员工进行培训，使其适应企业的环境和工作。这是学习的好机会，员工能够非常直观地实际操作，其作用非纸上谈兵能够比拟。要想更快地让员工进入状态，就需要企业制定一系列的、有针对性的培训制度。

首先，最好能有专门的人用于培训新员工。因为老员工也有自己的工作，用老员工培训，新员工不能得到更充足的培训时间，也同时影响到老员工的工作。

其次，工厂的工作都是十分具体的，因此，**在培训中应注重实际操作和细节处理的讲解培训。**

最后，一定不能忽略对于企业、工厂的介绍。让新员工能够了解企业的整体机构和工作流程。不能只拘泥于自己那一块工作，要培养全面型的工人。智能化工厂不会需要太多的人力，但一定要有工人可以操控系统，当系统或者某环节出现问题时，都能够及时修理和改进。这就需要工人对生产流程每一步都了解透彻。

4. 互联互通：消除障碍

工业 4.0 建立在物联网的基础上，通过互联网实现虚拟与物理世界互联成为了工业 4.0 革新的一个大关。物联网实际上是给传统行业与新兴行业的一个融合契机。归根结底是用数字化连接人们的现实生活，使人们的生活、企业的生产发展更加便利。

走进工业 4.0 时代，有什么障碍阻拦着我们的步伐呢？如图 2-6 所示。

（1）半自动化向全自动化的改变

（2）资源分散

（3）没有统一的平台

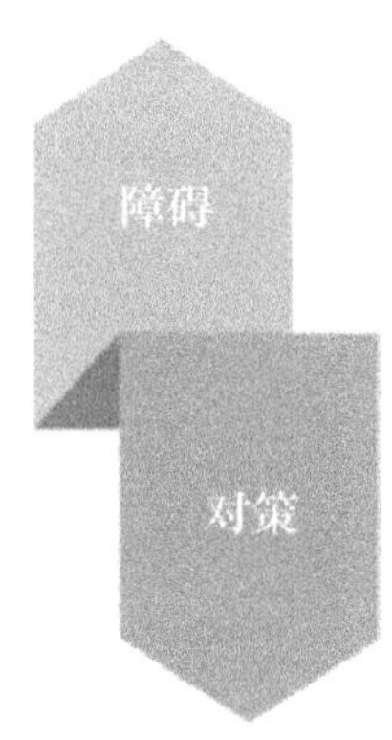

图 2-6 迈入工业 4.0 时代的障碍

我们又应该用什么去消除我们的障碍呢？**互联互通**。

我们能发现现在的工业制造中机器代替人工生产的工序很多，但仍然不能使人们完全从生产劳动中解救出来。因此，加强自动化是工业 4.0 的一道难题。

多年的工业生产发展，海天酱油已经成为一个现代化、自动化的大企业。海天酱油拥有国际水准的全自动化种曲培养设备、气液相色谱仪、自动滴定仪等一系列自动化的高端设备。在生产、包装、仓储方面更是投入了大量的自动化生产设备。通过设备之间以及控制系统之间的互联实现了自动化生产。在生产、包装、仓储上都因为这种互联而拥有更高的效率、更好的品质。

那么海天酱油的生产线是什么场景呢？

空荡荡的自动化包装工厂内只有 8 个员工负责操控设备，流水线却飞速运转，每小时最高完成 48000 瓶的包装，堪称“极速灌装”。一个设备接手另一个设备，仿佛几个人之间的配合，但包装效率却是人力包装所不可及的。

除了效率的提高，海天酱油的自动化生产还带来了很多好处。例如无菌，现在很多人都有这样的要求。作为食品，产品干净卫生是必然的。海天酱油的自动化生产是采用全封闭的无菌空间进行的，没有人能带进细菌，再经过巴氏杀菌和超细过滤的杀菌，借助S7-400编程软件与设备互联，实时监测数据，确保压力控制下外部空气不能进到产品中去，从而使海天酱油的产品确保无菌干净。海天酱油的灌装清洁度已达到10万级，甚至可以与药品的清洁度相媲美。

当然，一个好的企业生产的产品仅效率快、干净卫生是不能吸引客户的。而海天酱油的自动化生产的另一个好处就是恒温恒湿，保障品质。

在生产过程中，由于时间、天气等原因，很容易破坏产品的品质。温度高低都会影响产品的口感。海天酱油则针对这一点，采用群封闭式自动化生产，通过设备与控制系统互联，只需要终端设备就可以实时通过监控设备，调整生产中的温度湿度，使产品在生产过程中保证恒温恒湿，从而保障产品的高品质生产。

在仓储方面海天酱油的自动化更是一点也不逊色。自动化立体式仓库由库房输送系统、控制系统、识别系统、通讯系统等组合而成。这些系统互联互通，从控制系统输入指令后，控制系统就会向输送系统发送指令，通过识别系统扫描产品，最终实现产品的进出仓库。这样互联下的仓库储藏力大，并且从下达装载命令到完成只需要短短的120秒，进一步提升了产品输出配送的效率。

海天酱油通过控制系统与设备之间互联实现自动化生产，使生产人力减少，生产效率加大，产品品质得到保障和提升；还在设备间实现互联互通，从而保障流水线的基本无人化管理。

想要让生产制造自动化，设备间、工厂间、企业间的互联互通是必不可少的。人在现代生产中的作用主要是一个中转作用和决策作用。智能化的设备能够通过信息自我感知、判断，拥有思考的能力。这就需要设备间信息互通，前一道设备向后一道设备发射指令，得到指令的设备明白自己需要做什么，从而根据指令自我运转。最终实现产品生产制造全过程的自动化。

要消除工业4.0革新半自动化的障碍，万物的互联是一个关键。实现万物互联就是全自动化生产的一个基础。在现代大部分的工厂、小作坊还在使用最简单的人力生产，不仅速度慢，产品质量也参差不齐。这是很多企业转型的一个动力。企业虽加大了设备投资，但是在人员使用方面的投入却大大减少。更有技术能力储备的人才，成为各类自动化企业的追逐点。

由于资源分散，整合资源是一个老生常谈的话题。学会资源分享，达到共赢是很多企业目前所需要学会的课题。同行不一定就是敌手，转化竞争思路，改走合作共赢路线，是当下大势所趋。

2016 年 3 月，上海延华智能科技集团与广联达软件股份有限公司，为了企业的长远发展就 BIM 技术的深入研究和实际应用展开了深度合作，改变传统的商业模式。继延华集团与鲁班软件、同济设计院、蓝色星球等企业在战略合作下进行资源整合后，这是又一个促进建筑楼宇信息化的重要举措。

延华集团执行总裁于兵表示，延华致力于通过资源整合搭建起一个信息交流平台，吸引更多的同行参与其中，实现资源共享和企业共赢。同时，也通过这种方式促使行业的发展和国家 BIM 技术的进步以及带给人们生活上的便利。

广联达软件则是一家“互联网 + 建筑”的平台服务商，副总裁汪少山也表示，通过这次的合作签署，与延华集团从技术、业务、市场和品牌等方面全面深入地合作，共同协作引领中国 BIM 技术的发展。

这种强强联合的合作方式令资源共享，企业之间能够分享自己的优越之处，强强互补，达到双赢。两家企业都是秉承“分享、合作、创造”的理念高度合作。打通两家企业之间的壁垒，使信息得到分享，资源得到合理利用，使两家企业得到“1+1 ＞ 2”的效应。

企业间的互联互通能够合理调配信息和资源，使资源优化最大化，能更好地促进企业的发展，就像国家间建立友好的外交关系一样，能够更好地促进双方的发展，这也是工业 4.0 趋势下的必然情况。随着工业制造竞争压力的增大，会有更多的企业选择互联互通、合作致富。在不远的将来，有可能最终实现所有企业的互联互通，那个时候就是工业生产制造的鼎盛时期，也能更好地促进各个企业的发展和促进人们生活的便利。

资源的分享离不开统一的平台。只有构建一个健全的互联平台，才能真正实现资源共享、企业共利。多家企业共同系在统一平台上，互联互通，分享客户资源的同时，也让客户体验到这种全方位需求满足的便捷感，如表 2-1 所示。

表 2-1　互联平台

客户需求	合作平台	使用方法
饿了，想吃饭	全球最大的餐厅预订网站 OpenTable	在 OpenTable 应用直接找到喜欢的餐厅就可以使用 Uber 叫车前往
赶飞机	美国联合航空公司	联合航空的应用里显示距离近的司机及预估车费可直接点击 Uber 叫车去机场
困了，想休息	凯悦酒店	通过 Hyatt 酒店的应用预定房间，同时可从上面直接叫车到酒店
娱乐	城市生活时尚杂志 Time Out	在 Time Out 的应用里阅览选择喜欢的咖啡厅、酒吧并可直接叫车，并且 Uber 还提供了从低价到奢侈的平均价格数据显示
记录行程	简约云日记应用 Momento	在旅行中通过 Momento 记录旅行的同时，Uber 行程以及其他的订餐、订票等自动记录

2015 年 9 月 25 日，Uber 宣布在中国市场向所有开发者全面开放 UberAPI，努力构造一个应用资源共享平台。通过开放应用程序接口，让用户体验无缝连接，甚至可以给小众客户提供定制版应用的服务。这次首度开放 API 平台，进一步推动了各个应用开发者的激情，为连接更多的活动伙伴做铺垫。

Uber 从美国市场拓展到中国市场，其通过互联搭建全面服务平台的总方针是没有变化的，Uber 在美国是怎样与其他的企业互联的呢？

百度、穷游网以及渡鸦科技等都加入其中，成为首批合作伙伴。Uber 在移动出行服务方面互联各种互联网应用，涉及美食、电影、旅游、酒店、航空等多范围、多类别的服务。这些生活服务都与移动出行有关系，接入 Uber 直接为其提供可靠、便捷和高性价比的出行体验。不仅提升自己应用的实用价值，增加用户的体验感，吸引用户，Uber 也从中得到了大量的业务需求。这就是企业间互联搭建平台的优越之处。

通过开放应用程序接口，实现企业间、应用软件间的互联，搭建起一个共享信息的互助平台，能够将乘客的生活和出行全面的连接起来，提供多元化、高品质的出行服务。企业也能通过这种一站式服务提升企业在行业中的地位。共赢的事情，何乐而不为呢？

互联互通是企业的一把利器，能够帮助企业披荆斩棘，成功走入工业 4.0 时代。快拿起这把利器，向着智能化工业前进吧！

5. 流程优化：组织提效

工业生产流程虽有多个生产工序，但总会存在一定的相通之处。通过系统理论对整个企业的生产路线进行优化处理，可以大大提高整个生产流程的效率与收益。

流程优化是企业转型的一个突破口。要走智能化的生产路线就必须抓住这个突破口，优化生产流程，提高生产效率。

（1）标准化执行

以某一物为参照物，某一数据为衡量准则，整个生产制造都以其为标准。标准化执行是智能制造、工业 4.0、企业精细化生产的前提条件。要实现企业的转型，就要根据行业的标准生产产品，并且产品的各类数据也都实行标准化，其意义如图 2-7 所示。

① 复杂的生产流程容易出现疏漏，而标准化的制定和执行能够进一步保障产品的品质。统一标准，避免出现产品参差不齐，误差大。

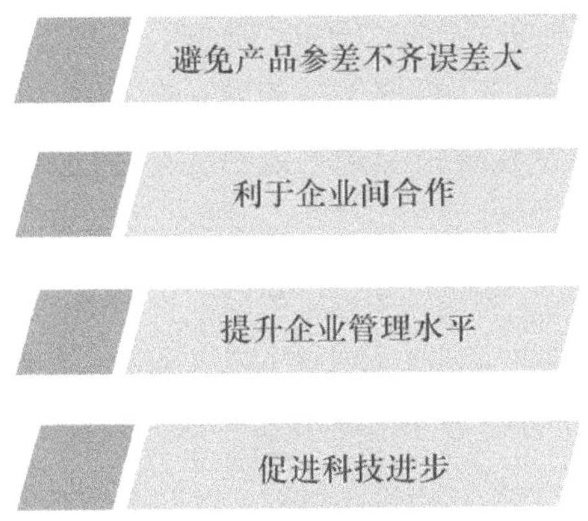

图 2-7　标准化执行的意义

② 标准化执行是工业 4.0 时代便于企业间合作共赢的一个端口。这些跨企业、跨行业、跨领域的合作实现资源共享、信息互通需要一个标准规范。

例如，我们现在所使用的手机大部分的充电端口都是互通的，大部分数据线可以与任何手机匹配，并且还支持与电脑、平板等互联。倘若各个品牌都独树一帜，按照自己制定的标准开展生产工作，那么手机就只能使用原厂配件，并且不易与电脑互通，更别说传送文件之类。

虽然用 3D 模式观看视频功能已经逐渐成为电视和家庭影音的标准配置，但是 3D 眼镜的规格却始终没有实现标准化。这严重制约了企业对 3D 技术的深入研究，各个品牌之间不能交换使用 3D 眼镜也让客户感到不便。

发现了 3D 眼镜规格不统一这个弊端，显示设备三巨头索尼、松下、三星达成共识宣布与 X6D 公司合作，研究标准化的高清 3D 眼镜规格，并且标准化的 3D 眼镜技术能够带来电视、个人计算机、投影机和 3D 剧院互通使用的效果。这样一来，客户就算家中同时有这三个品牌的电视也不用担心 3D 眼镜的匹配问题，可以自由地享受 3D 影音带来的视觉冲击。

3D 眼镜的兼容使用给用户带去了便利，给企业带去了利益。通过企业间的合作研究，实现 3D 眼镜的标准化，直接使 3D 眼镜的发展上升了一个层面。企业间的产品可以互通匹配，为企业间的长远合作奠定了良好的基础。

为了企业间的合作，标准化的执行是必不可少的。对很多产品都有一个国际标准，最好企业间都采用同样的标准执行，能加强企业间的融合度。标准化执行对于个人、企业和国家经济等都有着重大而深远的意义。不要各自为营，造成企业合作间的标准混乱，这样最后“受伤”的终究还是企业本身。

③ 想要提升企业的管理水平，标准化要先行。必须有一个制定准确、严格的固定参照才能更为规范地管理。只有标准化的管理，才能让产品更受用户的喜爱，从而使企业向更广阔的舞台发展，造就未来。

④ 标准化是促进科技进步的重要途径。只有生产制造标准化、管理标准化才能在保质保量的基础上实现企业的发展。真正发现企业存在的问题，并且根据原有标准不断创新和研发，最终带来科技的进步和企业的发展。

（2）完善基础设备

在生产制造中总会出现一些瑕疵和漏洞，这个时候就要求企业能够及时发现漏洞，并及时进行修复和改进。生产流程就是需要不断地进行完善和改进，才能不断提升生产效率和产品品质。因此，不断进行基础设备完善是生产流程优化的一项基础。

优化流程设备通常有固定的步骤，如图 2-8 所示。

① 研究现有流程

了解现有流程，发现流水线、通信等生产环节中出现的问题，以便于进行调整和改进。

② 了解设备间的信息交流

工业 4.0 时代，设备间信息的互通是重要步骤，设备间实现互通互联，了解每个环节设备运转需要接收的信息、发出的信号等，发现生产过程中的错误信息、错位信息、重复录入等，从各个环节之间的链接中分析生产的内部关系，做到把生产流程了然于胸，才能更好地优化流程。

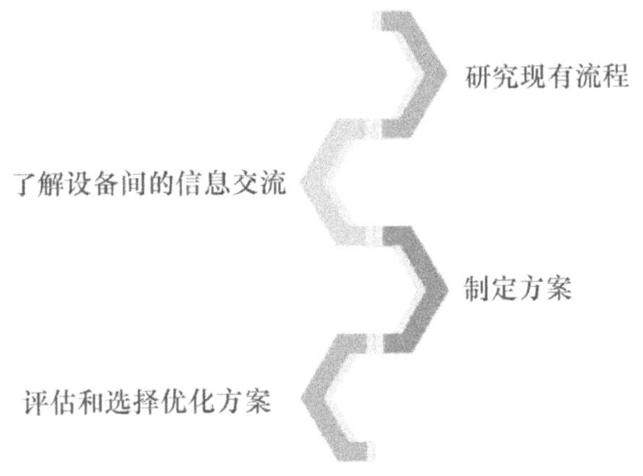

图 2-8　优化流程设备的步骤

③ 制定方案

根据之前的了解和分析结合互联网，从智能化的方面优化生产流程。剔除生产流程中不必要的环节，加快生产速度；或是尽量让流程平行化，同时处理节约时间。丰富流程数据库，解决流程问题并提高效率、提升产品品质。针对问题列出可行性的多个计划方案，并分别对每个方案的优缺点进行详细的说明。

④ 评估和选择优化方案

最终是做决策。根据提供的优化方案，综合考虑技术、效率、企业文化等多方面的因素，结合企业自身的情况，对比其他同行领先企业的流程优化，最终确定最佳方案，并实施。

（3）培养管理人才

在工业 4.0 时代，生产制造逐渐趋于自动化的生产。每个产品都要经历很多的生产工序、流程以及阶段。并且随着个性化定制的广泛深入，生产过程逐渐复杂化。这个时候，就急需管理型的人才掌握全部设备的维修技能和控制能力。

① 注重岗前培训

岗前培训不可马马虎虎、一带而过，甚至直接省略。这是使一个新的员工进入工作状态最快的一个捷径。应把企业的文化、工作的详细内容、工作中的一些要点能进行岗前培训，让员工一上岗就能找到状态。这能够增加企业新员工的工作效率，并让员工更好地融入新的环境中去。

② 加强对信息技术的教育及实践的培养

随着互联网技术的普及，很多学校都开设了信息技术课程。但是在工业 4.0 时代仅仅学习这些表面知识是完全不够的。自动化的生产模式要求员工有全面的知识，能够控制系统并处理各个方面的问题。因此，加强信息技术和实践的培养非常重要。

2.2 工业 4.0 核心

智能化是工业 4.0 的核心，只有在产品、设备、生产方式等各个方面全面实现智能化生产，才能减少人的工作量，给人更重要、更有意义的工作内容。在人们拥有更丰富的物质生活时，企业也会因为智能而提高效率、提升品质及提高企业的竞争力。

1. 产品智能化

谈到产品智能化，我们脑海中一下子跳出很多画面。例如，代替人在工厂车间内进行组装的智能机器人，又或者躺在无人驾驶车辆后座安稳睡觉的原驾驶员，再或者利用 3D 打印机打印出高楼大厦，等等。

产品智能化能够带给我们生活诸多便利，也能带给企业更丰厚的利润。在这个“信息爆炸”时代，人们满足了对信息的渴求，又开始关注智能化的产品，更新、更方便、更智能的产品总能吸引我们的眼球。而企业为了更好地抓住客户，就要不断进行创新，以高科技的产品赢得客户的青睐，如图 2-9 所示。

（1）发展人工智能的新兴产业

依托互联平台，建立庞大的数据库用于支持人工智能技术的发展，包括音频、文字、视频、图像等数据资源的整合。进一步推动人工智能的语音识别、自然语言理解、智能决策等功能的研发和发展。

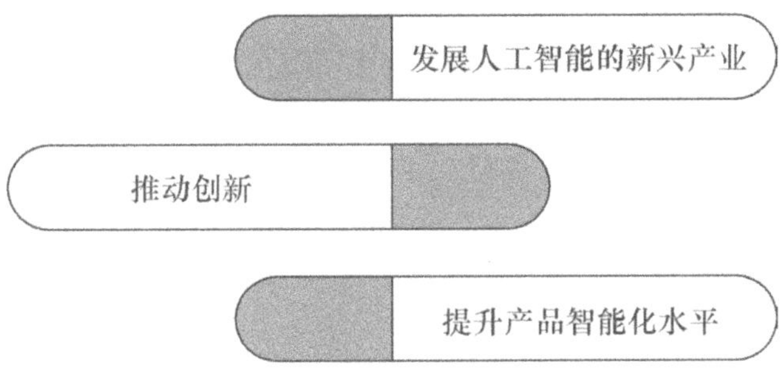

图 2-9　产品智能化的实现方式

将这些大数据应用于人工智能不仅能在工业上帮助人类更好地完成工业制造，并且还能为工业智能化发展奠定基础。

在这个新兴产业不断发展的今天，人工智能产品也被应用到各个行业。人工智能让人们对生活增添了更多期待，让工业企业的管理者也看到了更多的发展机会。

2016 年 4 月 12 日，在北京市科委、北京市金融局等支持下，全球首个风险投资机器人与我们见面了。这是因果树公司的人工化智能产品，目前成功预测了 14 家企业的资金调动。这是继谷歌的人工智能围棋手之后的又一人工智能化产品。不同的是这次不是与世界冠军进行围棋比赛，而是进行投资判断。

东方基易投资管理公司董事长易基刚认为，我国的股权投资在经济管理中所占的比例过少，有很大的发展空间。股权投资没有标准定价，企业信息不流通、不透明，这些都严重制约了股权投资的发展。而这款人工智能产品就将打破这个束缚。经过对股权数据的深度挖掘，能够将整个股权市场的总体状态了然于胸，从而有较多的判断依据，并选择最佳的股权投资。

因果树联合创始人滕放认为，目前这款人工智能投资产品还不能达到很高的准确率，这是由于刚刚起步阶段的数据资源匮乏造成的。经过时间的推移、企业数据信息库的完善，这款人工智能产品将会有更大的实际作用。

人工智能建立在大数据和强大的计算机运算思维下，从下围棋到投资，涉足各行业。在工业 4.0 时代，人工智能的应用更是必不可少，抓住这种判断能力，用于发展智能工厂，用人工智能代替人劳作，这是人工智能化的最终目标。

依据大数据和计算机进行分析判断，人工智能推动生活智能化、工业发展智能化，为企业在工业 4.0 时代的转型准备好了突破技术关卡的钥匙。

（2）推动创新

创新是一切智能化的源泉，工业 4.0 本身是工业的又一次创新。创新代表着新的技术、新的产品、新的生产模式，同时也标志着新的需求。工业的本身就来源于人的需求。随着经济的发展、技术的进步，新鲜的智能化产品总能受到人们的追捧。

在工业中推动创新，鼓励员工进行创新大赛，为企业更好地献计献策。实时关注行业中的新潮流，对于行业中的新技术、新产品，及时分析研究，迎头赶上；对于未开发的新领域多投入人力物力以及资金，推动创新。创新的速度直接决定了企业在行业中的地位。

（3）提升产品智能化水平

加大对高端终端产品的智能化研发投入，提高智能化的核心技术水平，加大产品的研发创新。提升产品在传感、交互、控制等方面的智能化水平。抓住“互联网 +”模式，依托互联网技术在智能感知、智能识别、智能判断、智能分析等方面配合实际的生活需求进行深入的研究。通过新技术、新需求、新功能推动产品智能化水平的提升。

针对个性化定制服务，满足客户的个性化需求，定制小众智能化产品。

我们最熟悉的手机，现在已经升级为智能机。在最开始手机只是一个即时通信的工具，只具备简单的打电话和发短信的功能。而随着智能技术的不断提升，手机出现了越来越多的附加功能。智能手机可以随意下载各类应用软件，可以玩游戏、听音乐、看视频、上网以及智能对话和搜索功能。你直接说出“给我讲个笑话”，它就能成功识别语音并给予笑话回应。时间的消耗和创新的推动，引导着简单的手机成为我们手上的智能化手机，并且还在不断创新和改进之中。

创新使手机的功能无限放大，人们的交流、生活需求都可以通过手指尖一按轻松实现，再也不用为了交水费、电费而专程跑到营业门店，也不用为了看病起早挂号，更不用为了想吃的美食而在烈日炎炎下奔走。这一切都是手机提升智能化水平所带给我们的便利。

手机仅仅是提升智能化的一种产品，还有很多产品通过提升智能化水平，而备受客户喜爱。当家居生活产品逐渐智能化，能够自主满足更多的需求时，消费者必然会选择它。

提升产品的智能化水平，挖掘产品的其他功能。通过大数据和互联网的双重支持，提升产品品质，同时也能提升企业在行业中的地位。

2. **生产方式智能化**

随着工业 4.0 时代的到来，生产方式也自然进行转变。改变生产方式的就是智能化。我国的工业制造要实现智能化，首先需要撕下“中国制造低价低质”的标签。工业 4.0 变革是我国工业改变形象的一次大好时机。生产智能化就是其中的一把“利剑”。

我国大部分的工业生产企业都是在进行大规模、低水平的重复性生产。市场因为这种肆意生产造成市场饱和，逼迫企业不得不以低价和大规模的产品谋取利润。这样就陷入了工业生产方式的死循环。企业该如何在工业 4.0 的趋势下改变这种现状呢？答案就是生产方式智能化，具体表现如图 2-10 所示。

图 2-10　生产方式智能化

（1）精细化生产

低门槛造成一些缺乏真材实料的企业也进行工业生产，这就造成了产品质量的参差不齐。要想改变这种方式必须针对个性化定制，做精细化生产，要凭质量在市场上占领一席之位。

实现精细化生产首先要实现智能化生产。投入自动化生产设备，使工业生产的效率得到保持和提升。没有了人工疏忽、出现差错的因素，降低了生产品的差错率，产品的质量得以保障。

（2）生态可持续性生产

工业革命通常与能源革命相关联。传统能源如煤炭、石油、天然气等都是时代变革的产物，在帮助工业生产的同时也出现了短板，那就是不可再生。这些能源经历大量岁月的沉淀形成，想要取之不绝、用之不尽是不可能的。新能源的研发和利用就是发展的必然，在这种情境下不可再生资源的节约也成为企业发展的大课题。

目前可再生的新能源有水能、风能、太阳能、潮汐能等。企业在生产制造中多应用新能源不但能减少企业的生产成本，还能更好地保护资源，为社会和企业的长足发展做好准备。

工业生产有源源不断的资源需求，匮乏的资源不能满足日常工业生产的需求，必须要着力开发新能源并应用新能源。以新能源替代传统能源，合理利用资源是工业 4.0 时代生产制造的一个关键因素。

近些年我们可以明显感受汽车带来的生活变化。汽车大批量地开上道路，我们在享受生活便捷的同时，石油也同样承受着重大的消耗。为了改变这种形式，保护石油资源，电动汽车逐渐走进我们的生活。首先是公交车、出租车的“换装”，我们能够清楚看到上面写着“纯电动”的字样。在北京等大城市还进行汽车摇号，以此抑制爆发的“买车潮”。而在摇号中，电动车摇号成功几率相对普通汽车摇号要大得多，政府还有一定购买新能源汽车的补贴，以此刺激新能源汽车的销售。在控制车辆的同时也建设了大量的充电桩，为电动汽车提供更好的服务。在广告、新闻中也都倡导绿色出行、节能减排。

新能源电动汽车全面走进生活，就是一个生产制造的资源改变。石油依旧可以支撑我们使用，但是 100 年后呢？1000 年后呢？石油资源终将会因为人们的滥用而枯竭。用新能源代替常规能源，实现资源的可重复利用和可持续发展。

除了在可以替代环节用新能源替代常规能源，在其他生产制造中也应该减少对资源的浪费。我国的工业耗材量大，利用率却少，这说明了我国工业生产中对资源的严重浪费。

减少资源的浪费成为工业中的永恒课题。提高资源的利用率，使资源发挥最大的作用是企业发展的一个助力。随着技术的进步，越来越多的节能型企业脱颖而出。这是一个大力提倡资源节约的时代，企业家不要吝啬，要注重发展技术创新、流程合并优化、产品品质的提升。虽然现在的研发投资很大，但未来的收益却是可观的。用同等的资源生产出更多的产品，能够降低企业的生产成本，从而保证收益。

当我们换能源、省资源的同时别忘记更重要的一点：不要破坏生态环境。人与环境并存，环境不存在了，人必然也就不复存在了。因此，保护环境就是保护我们自己。

一些工业生产制造商为了谋取更多的利益，对于企业生产中的污水、污染物不及时进行处理，让这些污染一步步影响我们的生活，将会是很可怕的。因此企业在生产制造中应该严格遵守规章制度的污染标准，注重污染物的处理，不随意排放污染物。除了企业自身，政府也应在这方面加大力度，严格执法，对于违规污染环境的企业进行严厉的惩处。

（3）虚拟空间与立体现实结合生产

由于互联网的应用，虚拟空间被完全开发出来了。在虚拟空间中，人们购物、娱乐、学习等生活的方方面面都和网络挂上钩。虚拟空间与现实生活的界限越来越模糊，我们可以通过网络金融管理我们的财产，显示虚拟的数字，也可以取出现实中的钱。这种智能化重重渗透，自然也能渗透进工业生产中去。

工业的智能化同样需要互联网的支持，在虚拟与现实之间不断地转换。从工业 3.0 来袭，互联网的发展就一发不可收拾。如今人们已经不局限于通过互联网满足自身的日常所需了，开始通过互联网实现工业智能化生产。通过数字发送指令，生产产品和物流运输。通过简单的终端设备就可以操控整个工厂的生产制造，用虚拟空间的指令得到现实中的产品。省时、省力、速度快是它的特点，这尤其受到企业的喜爱。

通过随意的一个配件就可以拥有智能化，通过虚拟与现实的互相转化，产品可以自己告诉你它是什么规格、怎么使用、有效期多久等。工业智能化就代表着我们的空间进一步扩大了。以往的工业革命，都是把我们带出门去看到更广阔的世界，现在我们能够在物与物之间探索到虚拟空间与现实空间的互融。

3. 装备智能化

装备智能化是工业智能化的一个硬件支持。要组建一个智能化的工厂，先要找准自己的装备。智能机器和智能机器人是工业 4.0 时代企业的基础设施，他们通过互联网实现信息交流，相互配合，促进企业的生产制造，如图 2-11 所示。

图 2-11　装备智能化

（1）智能机器

智能机器主要用于生产制造过程。智能机器应具备感知、分析、判断、决策以及控制的功能。依据 PIC 这个可编程逻辑控制器，根据企业的实际需求编辑控制机器的运作，实现机器生产的无缝连接和自动化。

机器的自动化生产并不是单个机器自行运转，而是机器之间互联互通，向着整体自动化的方向发展。在自动化技术、互联网应用等新兴技术的支持下通过感知系统、人机交互系统、据测系统、执行系统进行生产制造，实现产品从设计到物流配送的自动化。

2016 年 4 月 16 日，全棉棉纺织科技信息中心组织参观了国内首条智能纺织生产线。该生产线是山东华兴纺织集团自主研发设计的 5 万纱锭规模的智能化生产线。在这条自动化生产线上智能化的机器布满了整条生产线。其中有特吕茨勒清梳联设备、立达精梳设备、立达在线监测并条机、青岛环球粗细联合智能粗纱机系统等。从纺纱的并条、粗纱、细纱、络筒、包装、入库全部自动化生产，并且用智能化设备实时对其生产状况进行监测。这条智能化的设备组合成的智能生产线每年混纺纱高达 6000 吨。对比人工生产的效率要提高不止一个档次。

下面让我们看看这些智能化的设备具体的应用，如表 2-2 所示。

表 2-2　智能设备的具体应用

设备	功能
筒纱智能包装输送设备	包装输送自动化
粗细络联设备	纺织过程自动化
条筒智能输送	工序间自动输送，减少人工
细纱机单锭检测	实时监测设备情况
立达并条和立达自动接头精梳机	提升纺织品品质
特吕茨勒清梳联	实时监测生产情况

在这种全自动化生产、无缝集成的生产线上，山东华兴真正实现了高水平、高智能、高效率、高收益的“四高”生产。并且通过与三星及郑州天启自动化系统公司的合作，建立了健全的控制系统、监测

系统等。运用大数据、云计算、互联网等高端技术实时对生产作业进行监测，保障设备的正常运营和产品的高品质生产。客户还可通过实时订单了解订单的进度、质量等详细情况，增加客户的体验以及对企业的黏度。

华兴通过这些智能机器组建成智能化流水线，构建统一的平台实时监控和控制管理，使企业的生产效率大幅提升，产品质量有了更高的标准，成为我国纺织业进行智能化转型的成功范例。

智能化设备的应用能给企业带来效率，节省人力、精力，但同样的，也要求企业对其投入大量的资金和研发成本。研制针对企业自身的智能化生产设备。同时，注意工人的更新换代，注重高科技人才的挖掘。注重企业间的合作，制造合作共赢的未来蓝图。

（2）智能机器人

目前工业上都在进行一项大胆的尝试，用机器人代替工人。经济的大力发展之下，工人工资逐渐升高，促使工业向高科技、高效率的方向发展。制造企业的出路就在于引进先进的设备和技术，例如智能机器人，用于替代工人工作。虽然起始资金比较多，毕竟一大批工人的工资就是一笔不菲的支出。另外如果企业真正达到智能化生产，完全由机器进行生产，那么连灯都不需要了，既节省企业生产成本又能提高工作效率和产品质量。

富士康科技集团是曾经拥有 30 万员工团队的超级工厂，但是庞大的人工成本让它不堪重负，企业急需向智能化生产转型。当 30 年前世界上

第一个无人工厂在日本诞生后，人们开始关注和致力于人工智能的开发。随着技术、经济的不断发展，越来越多的人工智能被应用于工业制造领域，成为企业的好帮手。富士康也不例外。

富士康是全球最大的电子产品制造商，近些年来，由于对智能化工厂的需求，着力研究智能机器人，意图替代人工。在“关灯工厂”“机器换人”的建设方面取得巨大进展，员工已经缩减为 5 万多人，产量和销售额还在不断地增加。

现在富士康一个流水线上 15 台设备在 3 名工人的看护下，一天就可以生产 130 万件产品，这在以前是根本难以想象的。在昏暗的环境中，机器手臂代替人工进行精密配件的组装成型，不止省电，并且效率奇高。

富士康采用大投入，自主研发机械手臂代替人工。其负责人表示，虽然在转型升级的过程中可能会面临很多困难，但这是历史的必然，是工业 4.0 驱使下的未来工业的必然走向。现在富士康的机器人更是组建了信息互享体系，两台完全不同的机器人之间也能相互指教，能够互相深度学习。相信随着科技的发展，必然会有更优秀的机器人员工走进工厂。

智能机器人是历史发展的必然结果。在我们只能用双腿走路的时候，出现了蒸汽火车带我们看到外面的世界，解放了双腿；如今，我们借助机器人的手臂解放双手，让我们有精力发现更广阔的世界。

如今，随着智能机器的智能化程度逐渐加深，智能机器与智能机器人之间的界限逐渐模糊。但它们的最终目标却是一致的，那就帮助人们进行工业生产，并且逐渐替代人类，成为工业生产的关键，为工业实现自动化转型做贡献。

4. 管理智能化

现代企业的管理模式多来源于流水线生产，管理的目的就在于制订一些规定和计划来保障产品生产的正常运营。但在工业 4.0 的影响下，以客户需求为主的生产成为主流。传统的管理模式已将不适应现代化智能化的生产，必须进行转变。要么将自身的管理模式融入进信息管理系统中，要么完全由自动化的管理系统替代，自行监测、判断、维护。在这种信息化下的工业生产的管理，其实就是对生产过程中的各方面通过数据进行自主的分析判断。

（1）智能化的管理模式是什么？它又能带给我们什么？

传统的工业管理是通过人力对生产过程进行监测、对产品进行质量管理、对工人进行管理，保障企业生产的正常运转。而工业 4.0 趋势下自动化生产不再需要人工，效率和产品质量都能有更好的保障。这些是基于管理控制系统运行的。

工业 4.0 下的管理系统主要采用数字化管理的方式，流程间通过数据的传递实现资源共享、信息互通，指令、图片、信息都可以数字信息的方式进行交流分析。

（2）数据化管理

数据质量用精确度、置信度和完整性来衡量。因此提高传感识别能力是保证数据质量的关键一步，还要依靠概率统计以及时空关联的办法进行数据筛查。建立一个统一的数据库，统一数据的统计方式，自主发现数据、记录数据源、动态更新数据。当遇上复杂事件时系统可以根据各个环节的问题智能做出反应。在维护生产制造的同时也依据数据进行网络安全的控制，实现设备间互联，智能化管理需要统筹资源与生产力。通过数据的集成进行实时监控。对突发问题、时间追踪、改进问题等进行严格的全程管理。实现产品数据化、可视化生产。

磨粉机作为矿山机械行业的重要组成部分，市场需求大。但是存在一些弊端，如传统的磨机设备需要员工根据经验控制调整，不能实时监测处理问题。因此对于磨粉机的控制管理的改变是必不可少的。

针对这些操控问题，上海世邦做出了创新的设计，推出智能管理系统，颠覆了传统管理方式。系统主要分为数据层、传输层、控制层和执行层。主要是依靠互联网进行数据传输，实现控制功能。

上海世邦的磨粉机管理系统主要分为三部分，即磨机庄家控制系统、中控系统以及远程监控控制系统。它们都有着各自的优点，使其备受矿石机械制造商的喜爱，如表 2-3 所示。

表 2-3 磨粉机管理系统

磨机专家控制系统	中控系统	远程监控控制系统
一键调试和智能运行	远程集中控制	远程监测设备
高质量电子元件，保障系统高速、安全运营	自动记录信息	客户可查看生产过程数据
加入滤波电路，排除环境的干扰	灵活度、共享性、安全性高	即时预警服务
给料控制器，提高给料稳定性	通信强大，实现物联网	远程维修和服务
出现故障，自动按顺序停机进行保护	自动化程度高，节约成本	
预留升级维护借口，便于升级维护	故障一键自动叫停	
采用 PID 控制或者模糊控制，提高控制的精度与及时性	根据生产需求优化升级	

上海世邦对磨机进行的数字化管理能够使管理更加智能化，实现实时监控设备，并且能够让设备自检甚至自主修护；并且还可进行远程操作，远程监测、维修和服务。这种智能化的管理大大减少了对于人力的依赖，并且不

受时间、空间等条件的限制，让生产制造走向自动化。

在海量的数据面前，人力管理就显得非常渺小。系统必须能自主处理、自主决策、自主控制以及自主运行。管理通过设备间的自动化来实现，而不是通过层次间的权力控制来实现。这样就诞生了 CPS 信息物理系统，如图 2-12 所示。

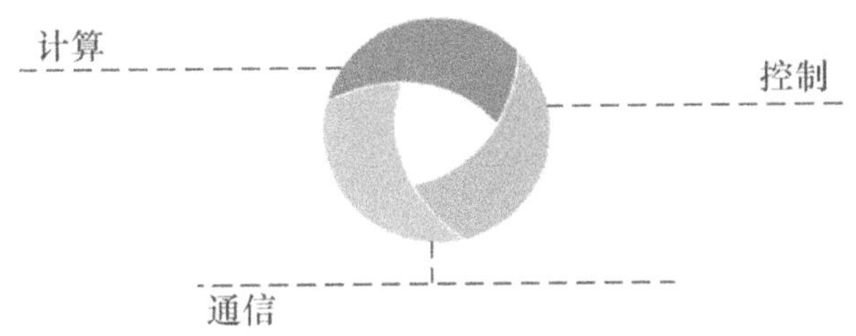

图 2-12　CPS（信息物理系统）

谈到智能化的管理系统，就不得不提信息系统和物理过程深度融合而成的 CPS 系统。CPS 把计算、网络和物理环境综合到一起，形成一个可控、可信、可扩展的多维复杂系统，拥有实时感知、动态控制和信息服务的功能。它能够通过深度融合和实时交互的方式不断扩展新的功能。利用互联网实现安全、远程、实时控制实体设备，将从根本上改变人类的管理模式。CPS 是一种工程系统，通过嵌入在物体中的核实现采集、计算、通信的功能，并被物理环境监测和控制。

CPS 通过物理与互联网互联，给予物理设备计算、通信、精确控制、远程协调和自治的能力。通信、计算、控制在同一水平上，进行深度的融合，能像互联网一样，改变我们与物理世界的互动互联。

CPS 拥有两大作用。首先，能实时收集生产过程中的信息数据，并能确保信息通过控制系统反馈给物理设备。其次，拥有对信息数据的管理、分析以及判断的能力。CPS 通过工作流程顺序建立一个分层构架，能够保障从采集信息、分析信息，到反馈到物理设备的过程顺利进行。

那么管理者要如何应对管理智能化呢？这是很多工业制造管理者最关心的问题。

首先，管理者需要摆清自己的位置。智能化的生产制造中已经没有过多的人工，因此对员工的管理程度会大大降低，转化为对控制系统、设备的管理。因此，管理者必须根据自身的经验，将生产中的问题、流程等都融入到自动化的现代生产控制系统中去，并且不断创新，更新控制系统的数据，优化管理方案。管理者应抛弃传统的管理方式，学习管理新技能，适应工业 4.0 下的管理需求，成为管理与技术的推动者。

其次，大部分管理者会转化为服务者。由于人们对产品的需求逐渐个性化、定制化，生产的产品也趋于饱和，因此，服务工作将会成为管理者的一个转型方式。要想在众多的竞争品中脱颖而出，不能单单只是依靠产品的质量，要注重服务性。对于产品的定制、维护等都需要大量的力量，而管理却不断削减力量，这样就造成了管理者纷纷变身服务者，迈入一个新的领域。

最后，企业通过变革，促进员工内部的创新活动，实现企业内互相服务，这同样是管理者的又一个转型出路。中间层的管理者就会逐渐失去存在的意义被大量削减，进行自我的转型，但是并不代表所有的管理工作毫无意义。最初自动化的生产是管理者智慧的结晶，因此技术、控制系统方面的管理仍需要人的智慧。

总的来说，管理需求越来越少，管理者的地位越发模糊。管理者要想继续体现自己的价值，就必须根据自身的条件和环境的影响进行合理的转型。

5. 服务智能化

智能化服务是指能够自动认识到用户的显性和隐性的全部需求，并且主动满足客户的需求，保障绿色、安全。这是服务形态升级的表现。把互联网作为一个平台，通过产品服务的增加提高产品的附加值，提高客户口碑，从而实现制造企业的不断增值。

随着工业 4.0 时代的到来，经济、技术都在不断提高。传统的生产型工业已经更加跟不上潮流。客户已经不单单满足于产品数量的增多，对于工业这个饱和的市场，产品越来越多元化，竞争对手还在不断地壮大群体。在之前，购买一瓶牛奶或许只有一个选择，现在却有多家品牌可以选择。企业由简单的生产产品变为营销产品。客户则已经经历了从必需性购买到选择性购买产品的转变。企业也需要针对客户的转变进行自己的转型。只要产品能满足客户的需求，就能从庞大的竞争企业中挤出一条生存之路。所以工业生产应由生产向服务过度，提升产品的价值，改善客户的体验。

（1）服务智能化需要一定的条件

服务智能化不是随意就能够成功的，要真正实现智能化服务，制造商要走的路还很远。至少服务的智能化转型应该具备一定的条件，如图 2-13 所示。

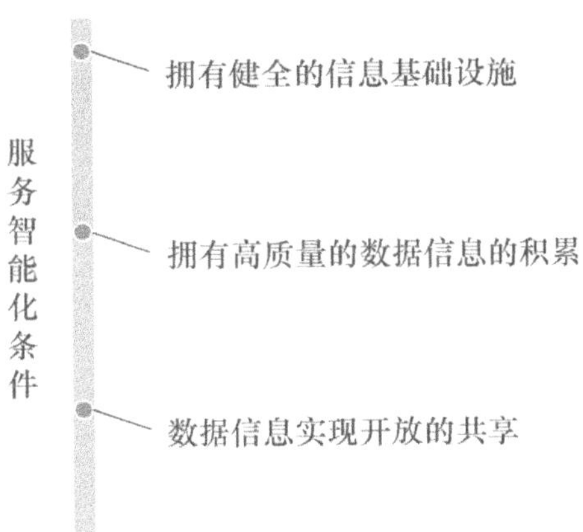

图 2-13　服务智能化的条件

① 拥有健全的信息基础设施

数据在提升服务的品质上是有着重大意义的，根据数据的分析挖掘客户的各种需求是企业所必须做的。而分析数据信息首先就要拥有健全的信息基础设施。巧妇难为无米之炊，倘若你连材料都不备齐，又何谈生产呢？

② 拥有高质量的数据信息的积累

了解客户的需求不能一蹴而就，数据信息也需要长期的积累实现。建立庞大的数据库用于分析数据是很有必要的。数据的质量就决定了分析的情况是否属实，是否精准。所以在调查数据的时候一定要保障数据的质量，并且大量积累有效数据。

③ 数据信息实现开放和共享

智能化的服务一定是基于互联网在客户与企业间、设备间互联互通。通过这种互联搭建一个共享平台，给数据信息交流一个平台。开放式、可视化地管理信息数据，可以帮助企业发现更多的数据信息，更好地了解客户的需求，从而生产出更适合客户的产品。

（2）服务智能化是制造企业的必然发展趋势

一方面，客户的需求发生转变，产品与服务同样是重点，对户对产品的需求趋于个性化定制产品，而非批量生产的产品。另一方面，随着经济结构的变化，服务比重超过工业化比重。在整个工厂实现智能化的时候服务也要跟上队伍，发展智能化服务，以提高企业的综合水平。

例如，通用电气推出的智能飞机引擎产品，其产品的销售只占 30%，相反服务方面的保养、维修的收益却高达 70%。服务已经成为它的主要利润来源。这是由于经济的高速发展下，人们对产品的要求也逐渐趋于服务化。服务的比重渐渐加大，甚至造成了一种“产品是服务的一部分”的景象。

可见服务的需求在产品的销售中所占的比重越来越大，这是随着技术、经济的发展，生产服务逐渐智能化的必然结果，也是制造企业发展的必然趋势。

（3）服务智能化是提升产品差异化的有效方式

由于技术水平的提高，各个企业制造产品的质量、技术都旗鼓相当。不论是从外观还是内在性能，产品普遍相同，没有差异性。产品的质量、性能已经不是企业间的竞争关键了。服务的好坏就成为拉开企业档次、提升客户体验的最有效的方式。

（4）服务智能化是提高企业核心竞争力的关键

服务渐渐融入产品中，成为产品的一部分。客户在购买产品的同时一并购买了后期服务。这是由一次性购买到长期购买的转变，能够帮助企业更好地吸引住客户。因此这种“产品 + 服务”的模式将成为提高企业核心竞争力的关键。

作为轮胎的领导者，米其林也致力于向服务智能化的转型。基于互联网的普遍应用，米其林开发了一项全新的服务 Dubbed Effifuel。通过在轮胎、引擎上装配传感器，能够将速度、油耗等数据上传至云服务上，再根据这些数据进行实时分析，并为客户提供更好的建议，以便能够更安全、省油地驾驶。仅这一项服务就能够帮助客户每百公里省油 2.5 升。并且，米其林还设置专门的服务型门店，专门为客户置换轮胎、调整轮胎、清洁以及美容车辆。该门店销售额占到了米其林总体销售额的 1/3。

米其林就是通过这种把服务融进产品中的方式带动自己的营业额，并且保障自己在轮胎行业中的领先地位。如果企业仅仅是生产产品、销售产品，客户往往不能在众多的竞争品种把产品挑出来。但是当产品能够满足客户的全部需求时，客户也会更乐意去选择和使用产品，提升忠诚度。

通过服务智能化的升价改造，传统的仅仅是送货上门、售后维修已经慢慢地不能满足客户的多元化需求了。在这个智能化发展工业的时代，物质趋于饱和，服务将会成为企业的生产制造中的一个重要元素。服务智能化，产品增值化，逐渐成为工业制造企业转型的目标。

第3章 全面认识工业4.0发展趋势，打造企业改革的新常态

在企业真正认识到工业4.0所带来的转变之后，企业就应该根据自身情况，抓住工业4.0这个大机遇，配合当前的发展趋势，展望未来，实现自身的成功转型。

3.1 横向集成：SCM 供应链系统

横向集成是指不同制造阶段之间的互相协调，通过横向协调把资源集成起来，如生产部门、财务部门、物流部门等部门之间的集成就是一种横向集成。通过横向集成，材料、能源、信息、物流等就能够同步到生产制造中，这对于企业间的无缝生产来说是一大助力。

传统横向集成的目的就是实现并行生产。不同的资源经过整合，不同的流程可以同步进行，从而避免一个工作完成之后再进行下一个工作，节省生产时间，提高生产效率。由于大量个性化定制的需求，横向集成显得尤为重要。在生产供应上，通过企业间的集成实现生产智能化，根据客户的需求自由搭配，从而使产品赢得客户的青睐。

横向集成的意义：通过互联网、大数据、云计算等高新技术解决供应链之间的连接，实现资源的整合，更好地完成生产；依据互联网构建一个虚拟的工厂，依靠企业间的资源、信息的集成进行升级生产；供应链的横向集成最终是为了建造直达列车，将不同工厂的内部设施集成，让智能化的设备间可以直接进行信息交流。

1. SCM 供应链系统的概念

供应链是企业赖以生存的根本，但工业链也消耗了企业过多的运营成本。因此，如何管理好供应链就成为企业的一个重要研究课题。这个时候 SCM 就应运而生。

供应链管理（SCM）是建立在企业资源规划（ERP）的基础上，将制造、库存、供货商串联到一起，从一个大局的角度审视产品的整条供应链之间各个资源的分配和管理。供应链管理本质只是一个软件，却可以在综合整个供应链信息后自动计划出最优方案，在现有资源下满足客户的多元化需求，其有智能决策的能力。整条供应链中的每一个企业都需要应用 SCM 系统，其通常会具备一个转化接口，用于不同企业间系统的匹配。

SCM 运用集成的思想进行管理，能够实现整条供应链中从供应商到最终用户的物流管理和控制。通过信息交流对供应链中的各个环节的材料、信息、资金等进行规划、调整、使用，能够实现从生产到使用中的供应完全集成，形成一个完整的功能体。单从企业本身来说，供应链管理能够改善企业供应的上下游关系，更好地优化整合供应链中的资金、信息、材料，以帮助企业增加自身的竞争优势，获得更高的利润。

2. SCM 供应链系统的意义

SCM 供应链系统对企业的生产销售等有很长远的影响。下面就从 3 个角度罗列 SCM 供应链系统带给我们的影响。

3. 从制造商的角度看待

（1）降低生产成本。通过无缝式的供应链，减少中间不必要的消耗和多余的环节，节省时间和资金。

（2）改善库存情况。拥有 SCM 就不用再担心因为存货与需求差距大而导致的库房爆满。SCM 的资源调配可以实现按需生产，合理利用库房，实现顺利的资金周转。

（3）**生产效率提高**。通过一站式的生产供销，大大缩短了交货期，节约了时间成本，提高了生产效率。

（4）**提高对于用户需求的把握度**。通过企业间的资源共享，直接了解客户的需求。针对客户的需求生产产品，提高企业在行业中的竞争力。

4. 从供应商的角度看待

（1）**提高产品的质量**。使用不同企业生产的不同部件最终生产出来的产品，汲取了各个企业的精华，因而产品的质量也能有明显的提升。

强大的苹果是如何生产手机的呢？苹果受到追捧与各个企业与其深度合作有很大关系。下面就列出一个苹果手机的详细配置供应商列表，如表 3-1 所示。

表 3-1　苹果手机配件供应商

配件	供应商
屏幕	LG Display，Japan Display
A6 芯片	苹果自行设计，三星代工
电池	部分是索尼生产，也有部分为代工
无线开关	日本的村田制作所
NAND 内存	日本的东芝，韩国海力士
电源管理	美国的高通
音频芯片	美国的 Cirrus Logi
陀螺仪	意法半导体
GSM/ WCDMA/ CDMA/LTE 功率放大器	来自 Skyworks、Triquint、Avago 等
摄像头	传感器：索尼 前置摄像头：美国的 Omnivision 镜头：中国台湾的大立广电 前置：中国台湾的玉晶光电

从表 3-1 我们可以知道，苹果手机的生产过程不是一家之营，而是由一个庞大的供销链支撑。从多家公司的最优方面提取出最优质的配件，进行组合，使产品的质量得以保障，这才造就了苹果手机独霸市场的一幕。

通过供应链整合资源，使企业的资源、资金、技术等合理分配。企业之间互相配合，能够在一定程度上提高产品的质量，最终实现互惠互利。

（2）**保障了稳定的市场**。通过信息互通生产更适合客户需求的产品，从而在市场中占有一席之地。

（3）**降低成本**。企业间存在这种合作关系就预示着成本的降低，因而能从中获得更高的利润。

5. 从总体的角度看待

（1）**改善生产商和供销商之间的交流方式**。通过这种合作的方式，共同研发产品，共同承担风险，共同享受利益。

（2）**在数据、技术、工艺上充分集成，生产出质优价美的产品。**

（3）**减少成本管理，提高生产效率和资金利用率。**

（4）**减少外在因素对产品产生的影响，降低投资的风险。**

3.2 纵向集成：内部垂直运营

企业内部运营过程中的纵向集成也是必不可少的。纵向集成是将供应链的各个部分组织到一起的方法。当企业达到高度集成，又拥有庞大的组织时，就能够严格把控从产品的研制到出售过程，保证把控整个产品价值链阶段，使生产成本降到最低，让企业获得更大的利润。

纵向集成也拥有着不同的类型，如完全集成、部分集成、前向集成、后向集成等。这些纵向集成分别以不同的方式进行，不同类型的纵向集成却能达到一致的效果，如图 3-1 所示。

图 3-1　纵向集成的分类

1. 完全集成

在两个生产环节之间，上一环节的生产向下一环节转移时，没有第三方的加入，其称为完全集成。实际上完全集成就是指企业生产能够自给自足，生产材料都能够自行生产，不依靠另一方。企业把产品的操控权完全把握在自己手中，可以确保生产的产品是自己想要生产的。

2. 部分集成

部分集成与完全集成相反，主要是在生产的整个生产链环节没有实现自给自足。依靠企业间的合作，利用不同企业的零件进行合理的组装，完成最终的生产产品。

3. 前向集成

企业在生产中与其他企业的合作，可以互赢，但同时也会受到钳制。过于依赖其他的企业，会使自己的发展受到限制。

在我国的包装市场中，利乐无疑是一大巨头。蒙牛、伊利这样的乳业巨头都与其深入合作，甚至有些人会认为这两大乳业巨头都在为利乐打工。在各种饮料的包装中，利乐的身影也总是会出现。在国内无菌纸包装市场，利乐保持着近 90% 的市场占有率。这个数字是相当惊人的，几乎垄断了中国市场。

那么利乐是怎样成为最大赢家的呢？利乐首先“下了个套”，送设备、指导做广告、搞营销。等到蒙牛和伊利成功在中国市场分得大块蛋糕之时，与他们合作的利乐也就同时占领了市场。

利乐几乎是免费把设备送进需要包装的企业，培训他们如何使用，再依靠售卖包装纸来牟利。就蒙牛而言，当蒙牛在中国乳业排名 1116 位的时候，利乐就将价值千万的设备以半价的优惠价格卖给了蒙牛。蒙牛感激的同时，自然就使用起利乐的包装纸一直到今日。利乐的包装纸上都有自己的标识密码，利乐的灌装机只能识别利乐自己的包装纸，使用其他品牌的包装纸，机器就不能运营，这样就导致这些企业只能使用利乐的包装纸进行包装。这种“包装设备＋包装材料的捆绑销售”让利乐包装纸完全不愁销路。

随着利乐包装纸价格的逐渐上涨，很多企业也想换一个包装纸供货商，但是仅灌装机的重新置换就要花费一大笔的资金，还不如使用利乐包装来得实惠。思考之后，还是继续使用高价的利乐包装纸。利乐在行业中的龙头老大的位置就这样一步步地巩固。

然而像蒙牛等乳制品生产企业就没这么舒服了。几乎每销售一盒利乐包装的牛奶，乳制品企业分得总利润的 25%，而利乐获得 75%，这样超高的分配额度令乳制品企业的利益被压榨，苦不堪言，却又不得不把蛋糕分给利乐。

像蒙牛这样的乳制品制造企业的纵向集成，就是典型的前向集成。过分依赖利乐包装，几乎到了非利乐不可的地步。这样利乐就能压榨企业的利润，让企业的利润大幅度削减。若是利乐不供货给这些乳制造业，还很有可能使企业的生产停滞，使企业利益受到严重的损害，生产发展受到钳制。

前向集成中要尽量避免对于其他合作企业的过分依赖，并且应有多种备选企业，以保证企业的生产不会受到其他合作企业的制约。

4. 后向集成

后向集成与前向集成相反，企业能够拥有产品各个环节的生产材料，原材料自行生产，不受其他企业的制约和影响，其优缺点如图 3-2 所示。

图 3-2　后向集成的优缺点

（1）优点

① 企业在纵向集成中拥有较多的生产环节，那么其成本也会相对地降低，从而能获得更高的利润。

② 后向集成的自给自足，能够降低其他企业对企业自身的影响，从而降低供销风险。

③ 前向集成能够更加快速地促进生产，并且能够使产品的质量水平得到提升，更能赢得客户的青睐。

④ 库存向来是生产制造业的一块“心病”。货物太少，浪费库房；货物太多，容量不够。因此，实现库房货物合理，既不多又不少，就成为纵向集成的一大优点。纵向集成能够严格调控生产供应链上各个环节的资源，实现供销均衡，从而降低库存的风险水平。

⑤ 纵向的集成度越高，生产成本就越低，利润越高，就会有更多的企业拿着“票子”想要投资，这样能够有效提升竞争壁垒的高度，让竞争者望而却步。

（2）缺点

① 资源柔性降低。当企业生产环节繁多的时候，资金的投入也会加大，这就导致了企业受到资金的影响，不能一下子进行转型和改变。可以说，这就像是押宝，只能背水一战。

② 企业内部进行纵向集成虽可以保障自给自足，但是尺有所短，寸有所长，企业的生产不一定每个环节都能保持最高效和高质量的生产，这样生产协作中出现不平衡就会降低生产效率和产品质量。

③ 生产环节多，管理事项就多。不同的生产环节可能千差万别，这就使管理变得更加复杂。原来的简单管理已经不能满足现在多生产环节的需求，需要同步吸收更有管理水准的管理人才，并且企业环节生产的原料与专业生产原料的企业相比自然是存在竞争劣势的。就像自家院子里种的蔬菜，在很多生产和管理方面都比不上专业承包土地生产蔬菜，质量自然也是差了一截。专业生产多趋于大规模生产，生产成本自然也比自家的蔬菜低得多。

3.3 端对端集成：C2B 模式

实现端对端集成就是在产品的整个生产周期中，通过对产品生产价值链上不同企业之间资源的整合，实现从产品设计到产品配送和维修等一系列的管理与服务。端对端集成重新平衡了产业链上各环节的价值体系，为集成企业的信息、资源、资金的流动起到了推动作用。

而 C2B 模式就是端对端集成的最好办法。C2B 是电子商务模式的一种，但是与传统的电子商务不同，C2B 不用千辛万苦地找买家，只是通过 C2B 将消息发送出去，商家报价，客户进行选择。这样客户既省了冤枉钱，商家也能通过省去的中间环节得到更大的利润空间。C2B 真正做到了先有需求再有生产，根据客户的需求调控产品的生产和价格，做个性化定制产品，以客户为核心，一切生产制造都围绕客户的需求。

随着人们对美的需求的提高，护肤保养成为女性共同的话题。整容技术走进生活中，但是除了美之外，还有一大缺憾，就是标准化的脸。经常能够听到“这两个女明星像一个医院出来的似的”这样的调侃。越来越多的女性对这种整容脸嗤之以鼻。而在这种潮流之下，私人定制护肤品的市场逐渐升温。以 Renew 为代表的私人订制护肤品受到很多女性的喜爱，很多还在观望的女性已经跃跃欲试了。

很多时候我们对护肤品的认识会陷入一个误区。由于自身不了解护肤品，所以分辨不出来什么护肤品适合自己，甚至不了解自己的皮肤状况，盲目听从导购或是他人建议。有时候护肤品完全不起作用，甚至出现红肿过敏等情况。护肤品和药品一样，都需要对症下药，乱用就会伤害到自己。

Renew 私人订制护肤品特点如下。

（1）专业皮肤医师进行一对一的监测、配方，并长期保存客户档案，以便下次调整配方时有所参照。

（2）从厂家直邮出售，假货的可能性为零。

（3）通过精确的检查和合理的配方提升产品的性能质量，让其护肤品的效果肉眼可见。通过仪器检测、过敏测试、定制护肤品处方、客户建档这四步，对客户的皮肤信息了解透彻，找到最能适合客户皮肤的产品，效果也是最好的。

Renew 通过私人定制护肤品赢得了很多人的喜欢。这是由于这种 C2B 模式使得产品的质量得以保证，产品更适合客户的个性化需求，所以受到追捧也是必然结果。

以客户的需求为中心，生产最适合客户和客户最需要的产品，就能赢得市场。

1. C2B 产品特征

（1）**相同产品价格相同**。在营销渠道、分销机构等购买产品不会出现价格虚高，全部为出厂价格，实现价格的统一。

（2）**价格合理**。不会因为炒作等出现价格的大幅度提升，远离暴利。

（3）**透明购买产品**。因为是根据需求定制产品，因此就少了很多中间环节，保障了产品的品质，使得一些水货、山寨品不会出现在客户手中。

（4）生产供应链实现透明化。企业间通过相互合作，品牌与品牌相碰撞，最终实现双方品牌的升级，也让客户购买产品更加放心。

2. C2B 模式类型

（1）集体定制

通过客户相同的需求让企业批量生产，节约成本，让利于客户。这种方式可以提前锁定用户群，避免生产过度、供销不对等的状态，缓解库房物流压力，提升产品、资金的周转率，节约资源，避免浪费。

（2）模板定制

为迎合客户的需求，针对一种产品可改动的地方，制作一个定制的模板。就像选鞋子号码一样，将其他的颜色、材料、配饰等都列出来，让客户可以自行选择。这种方式既节约了用户的选购时间，也让企业生产更简单透明。为每一位客户都提供个性化的定制还不能完全实现，因此这种模板定制就成为客户多元化需求的入口。

（3）参与式定制

将客户完完全全参与到产品的设计中去，全面参考客户的需求和意见，把控全生产流程，使产品完全满足客户的多方位需求，实现真正的个性化定制。

3. C2B 模式特征

（1）利用多人、多资源转化为产品和品牌的吸引力，以一切客户为核心，经过有效的资源整合，对企业的营销方式进行转型改造，实现与客户直接深入的交流。

（2）通过与多个商家进行合作，给顾客更多的选择。研讨会上，茵曼总经理方建平表示，通过预售，供应链端生产成本的降低，消费者获得了更大实惠。“‘双 11’之前，6 个定制款在天猫的预售平台展示订购，当时只是打好样衣，并没有货。”接到预售汇集的消费者订单后才开始生产，其中 2 个款式就卖出 2 万多件。

（3）客户通过发布自己的需求，让企业直接来找到自己，从而达成交易。

（4）**整合庞大的购物点，组成一个大的购买团体，通过大量批发的方式让客户享受到实实在在的优惠。**

以天猫为例，天猫上有各种商户，它们之间互为补充，能够更全面地满足客户的多元化需求。当火爆的 2015 年“双 11”到来之时，仅仅一天，天猫上的东北有机大米就卖出 14 万斤，家具建材卖出 58 万件，连车辆都卖出了 2100 辆。这样庞大的销售量使得生产成本下降，客户得到最大优惠的同时，企业也赚得盆满钵满。

也正是因为如此，团购这种形式的营销手段走进了我们的生活。通过满足大的购物团体的个性化需求，大批量生产，降低利润。客户得到让利，企业也通过薄利多销赢得口碑和财富。

（5）**个性化定制生产，实现客户需要什么，企业生产什么。**客户得到个性化的满足，企业也减少了仓储压力，同时减少中间环节，获得更大的利益。

中篇 智能制造

第 4 章 智能制造四大关键特征

智能制造改变着我们的生活方式，使我们的生活更加便捷、更加个性化。同时，也是我们在推动着智能制造、改变着智能制造。想真正实现智能化制造，离不开四大关键特征：精益运营、方案设计、软件管理和设计研发。

4.1 精益运营：向细分市场投放精益产品

随着工业 4.0 的风暴逐渐向工业制造袭来，个性化的定制需求点燃了市场细分。根据消费者的不同需求，整个市场细分成不同的消费群。针对不同的消费群生产不同的产品，对促进产品销售有着至关重要的作用。

消费者购买产品已经不仅仅满足于简单的生活需求，差异性、个性化逐渐成为消费的动力。而要想实现差异化、个性化就必须抓住市场细分这个关键点，针对不同的消费人群定制不同的产品，满足消费者的需求，就能在细分市场中占领地盘。

市场细分的概念，最早是由美国市场学家温德尔 · 史密斯提出来的。细分市场才能明确目标消费群，有针对性地生产，才能更受到大众的喜爱，使卖方市场逐渐转换为买方市场。经常能听到“顾客就是上帝”这样的话，所以在这个买方市场的时代，买家的需求决定了市场的走向和产品的销量，因此，按需生产成为生产制造的一个基础因素。

根据人的地理位置、人口特征、行为、社会地位等，将消费者细分为不同的消费群体。市场细分除了有差异性，更有共性。在同一地理条件、同一环境下成长的人，又或是文化背景相似的人对于个性化、人生观、价值观的看法基本相同，因此在消费时会在某些方面存在共性。这样的人能够组成一个大的消费群体，带动一部分产品的销售，这样才有了市场细分的必要。同时企业的资源具有一定的局限性，不可能全方位地满足全部消费者的需求。只有进行市场细分，明确目标消费群体，才能有效进行竞争，集中资源，满足这个消费群体的需求，提高自己的竞争优势。

在果蔬汁市场上，“汇源”是一个老牌子，其 100% 纯果汁为其开拓了市场，短短几年就跻身中国饮料企业十强。但是当“统一”将“鲜橙多”打入市场后，“汇源”的市场占有率一度缩减。而“统一”将目标消费者定位为追求健康、魅力的年轻女性。不仅针对这个目标群体开发了包装为 500ml、300ml 这样适合随身携带的包装精美的小规格产品，并且打出“统一鲜橙多，多喝多漂亮”的广告吸引消费者。同时在一些大城市开展“统一鲜橙多阳光女孩”等选拔比赛，这些均是针对目标消费人群的定制型研发和营销。仅仅“鲜橙多”这一项产品的年销售额就接近 10 亿元，把老牌子“汇源”远远甩在了后面。

针对健康、爱美的年轻女性，“统一”用精巧的包装，“鲜”的口感，以及“更多漂亮”的宣传一下子打开了这个市场。在销售量连创新高的同时，在果蔬汁上扎稳了脚跟。年轻的女孩喜欢追求美丽、健康，“统一鲜橙多”充分地满足了这个目标消费群体的需求，才使得这项产品如此畅销，企业如此成功。

针对不同的地区，不同的年龄、不同的文化背景等搜寻竞争力小但受众广的市场细分块。让企业小投入、大影响就是精益化运营的目标。

那么，应对市场细分我们应怎么做呢？

根据市场细分的这种变化，我们的生产运营也应相对进行改变。市场细分，运营精益，向细分的市场投入精益化产品是我们的目标。

1. **精益运营特点**（图 4–1）

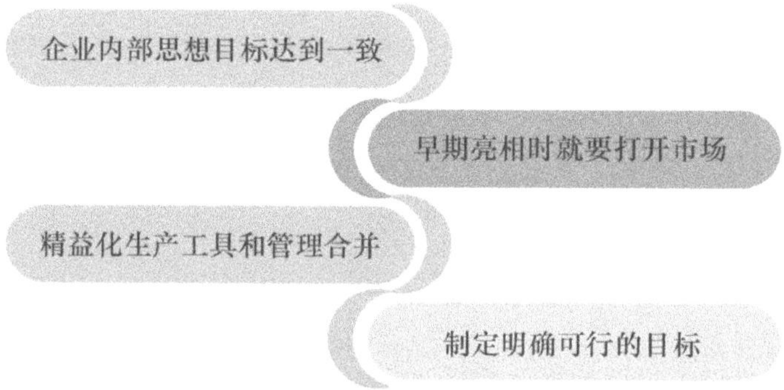

图 4-1　精益运营特点

（1）**企业内部首先需要思想目标一致，上下层都有着共同的生产制造心愿和动力**。大家团结一心，才能让生产运营精益化。若是只有领导一心想着精益化的运营，员工却疏于管理和生产，那么精益运营的效果必定是达不到的。

（2）**在产品早期推入市场时就要产生明显的效果**。短期内实现显著的进步，在后期才可以进行长期的投资和细致的管理。只有在登场的一刹那就让众人眼前一亮才能在后期得到更多的支持和更多人的投资，企业才会有更长远的发展。因此，一定要打好基础。

（3）**精益化的生产工具以及精益化的管理合并**。通过精益化的生产工具实现产品精益化，通过精益化的管理促进员工进行精益化地生产，实现产品精益化。

（4）**制定明确可行的目标，针对目标进行生产**。不要做无头的苍蝇，到处乱飞，找不到头绪。面对市场细分，一定要明确目标。并且对每个阶段、每个环节仔细地划分，上一秒钟做什么，下一秒钟做什么都要严格控制好。目标必须是可行性高的，过于远大的目标根本实现不了，不仅达不到预期的效果，反而会灰心沮丧，得不偿失。

2. 精益运营的发展前景（图 4-2）

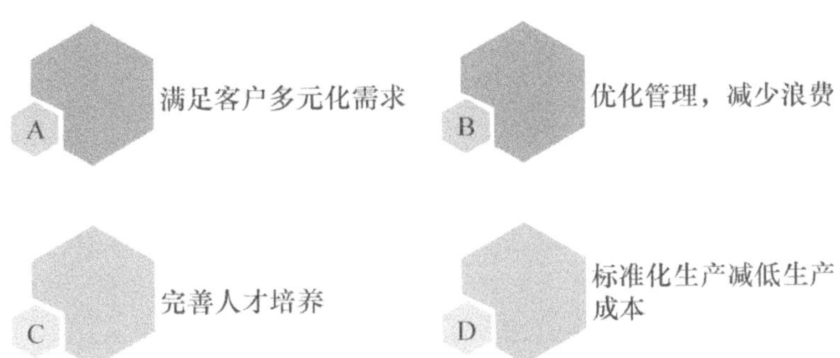

图 4-2 精益运营的发展前景

（1）**运用精益运营满足客户多元化需求**。在生产制造中解决遇到的问题，将精益工具当作解决问题的百宝箱。市场上缺什么，我们就补什么。客户需求得到了满足，企业才会收获财富。

（2）**优化管理，减少浪费**。运营管理这方面应建立健全的管理机制，并得到企业的支持，使得行动与思想统一，精细化管理，不仅能减少时间的浪费，也能有效减少资源的浪费。

（3）**完善人才培养机制，培养适合企业的高素质管理人才**。注重一线员工培养，将精益化生产运营的概念贯穿一线员工的思想，推动一线员工对工作任务的落实，加强标准化流程作业，实现标准化生产。

（4）**标准化把控产品的质量和生产效率**。制定一系列的标准进行评测，如产品标准、效益标准等。明确出一个标准线，使其能够保障产品的质量并提高生产效率以及降低生产成本。

宝钢是中国唯一一家进入世界五百强的钢铁企业，其生产运营实行的正是精益运营，采用最高端的设备和最先进的工艺生产产品，使其质量

有明显的优势。虽然高质量生产，宝钢的生产成本却处于全球的最低水平。这直接提高了宝钢在行业中的竞争力。

宝钢将自己的精益管理定位为“企业价值最大化”，即用最少的资源生产最高质量的产品。宝钢的生产率高，因此人工成本低；大规模生产，规模效益大；回收利用率高，能源成本低；具有良好的信誉和稳定的供销渠道，采购成本低。压低成本成为宝钢的一大法宝。将精益化渗透到生产制造的每一个环节中，以标准化的生产为基础，追求成本和效益的和谐统一发展是宝钢的终极目标。

宝钢的成功告诉我们，制定一个标准尤为重要；实现精益运营，降低成本，提高产品质量同样很重要，每样都不可或缺。

4.2 方案设计：产品不只是硬件，还要融入信息

要实现智能化制造，在产品方案设计中不能只是单纯地看重生产使用，还要融入信息，给予产品智能化的动力。信息就像汽油，即使你的汽车质量再出色，外观再符合你的审美，没有信息这个汽油的助力，你的这辆车只能成为一个摆设。

在产品最初的设计中，产品的质量、性能往往会被放在生产的第一位。企业都想通过上乘的质量争得市场的一席之位。而在工业 4.0 的催动下，简单的产品使用已经不能博得客户的青睐。产品的硬件要过硬，但同时像售后服务之类的软性增值也必不可少。这就要求我们的生产实现数字化，将大量数据信息构建成一个研发产品的数据库，这将具有很大的参考意义。

1. 质量信息化

在工业制造中，质量好的产品总会更受消费者的喜爱。试问，若是有一

款手机使用寿命非常短，基本成为一次性的，仅仅一天就不能继续使用，那么你是否会选择这款手机呢？答案注定是否定的。我们在日常购买中也会格外注意质量问题。比如玻璃的杯子是否比较容易摔坏，电视的分辨率是否清晰，毛衣类的衣服是否容易起球，等等。质量是我们决定购买的一个首要衡量条件，只有质量有保障，才能吸引更多的客户。

智能制造的来临，标志着以后的产品将逐渐加入增值服务，不单纯以质量制胜，因此，企业也应抓住这次机遇；同时也是一次重大的挑战。成功走上智能化之路，制造企业前途将一片光明。

在产品进行方案设计前就要进行客户需求的信息数据收集，充分了解客户的多方位需求，才能对症下药，让产品直接命中客户的心思，不愁销路，实现真正的按需生产。

2015 年年底，位于申花板块的景瑞·悦西台首开便热销。首开当天，就将 5 亿元揽入腰包，成为杭州市住宅成交冠军。这样高的成交率是如何实现的呢？除了性价比高，它还有一大武器，就是在设计住宅时对于用户需求信息的把控度高，因此用户所希望的配套学校、银行、药店、餐馆、公园以及便利的交通设施等一应俱全。还加入了信息化的高科技元素，例如一键通过手机软件操控室内家居，操作能够切换 4 种模式，不在家时也可监控家中的情况；还可通过手机软件实现物业上门服务以及一卡通结算费用、智能报警灯服务。正是因为它满足了消费者的全部需求，才能有这样火热的销售量。

而这所有的一切都是通过信息化产生的。通过信息化了解客户的需求，通过信息化建立手机软件平台，通过信息化实现在线的一卡通结算交易。这一切都是建立在信息化的基础上，将信息融入到产品的硬件中去，提高产品的质量水平，以此博得用户的喜爱。

2. 性能信息化

性能也是产品的一个硬件条件。例如，买汽车的时候会看油耗，买房子的时候会看空间结构，买相机的时候会看像素的大小。产品营销渐渐已经从“我的产品是什么规格、什么配置”到“我的产品更适合什么类型的人使用，因为它拥有什么样的功能”。这样的转变其实就是告诉我们卖方市场消失了，买方市场到来了。

有的时候，我们拿出的产品，直接说出它有什么样的功能、什么样的品质，可能客户不能真切地感受和理解，但是当我们给产品一个受众目标后，有针对性地介绍产品就能达到事半功倍的效果。基于互联网技术的普及，信息的需求越来越大，产品性能信息化已经成为迫在眉睫之事。

4.3 软件管理：借助互联网工具实现流程无缝对接

硬件通常是看得见、摸得着的，但是软件却以程序或者文档的形式存在。硬件作为一种生产管理工具投入使用，软件则起辅助连通的作用。通过将互联网与物力资源以及生产流程的每一环节绑定，我们可以操控生产设备、下达指令。软件通过互联网上的运行体现它的价值。我们正逐渐被软件定义着，不再分身乏术，能够更简便全面地时刻关注着生产制造的流程。

传统的工业生产有局限性，由于兼容技术、通讯信息等不便，无法全面满足客户的多元化需求，致使客户流失。而互联网通过感应设备、终端设备、控制系统等软件把控生产制造，能够把不同地域、不同结构的信息结合起来，进行虚拟数据的交流，从而使流程无缝对接，如图 4-3 所示。

1. 基础：互联制造

工业 4.0 是一个高速互联的时代。信息技术与制造业高度融合，改变了工业传统的生产方式、产业形态、商业模式等。随着互联网在工业的普遍应用，制造业逐渐向数字化、网络化、智能化的方向迈进。

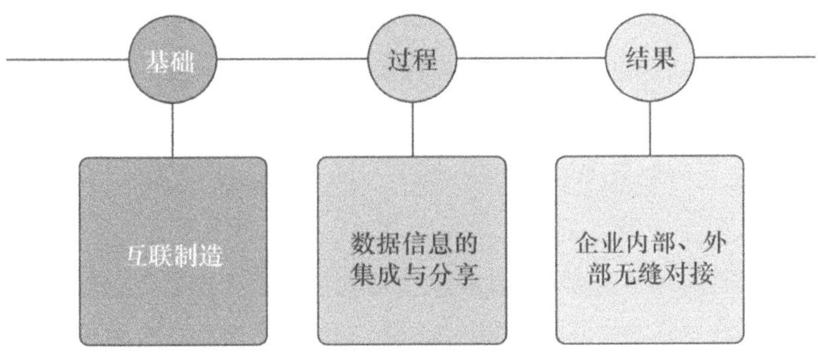

图 4-3　软件管理

通过工程信息系统的实时监控，生产过程从原材料的供应到产品的出售都能够实现精准协同作业。通过设备间互联互通，实时信息交流，才能让设备运营、生产制造、材料配送等和客户的需求之间实现互通，充分满足客户的多元化需求，并且还能使设备间生产无缝对接。上一个设备生产结束后，信息自动以数字化的形式发送给下一个环节的设备，设备之间通过这种软件对话的形式发布和接收指令，这样能够有效保障产品的质量水平，效率也比传统制造生产高出一大截。

2. 过程：数据信息的集成与分享

传统的制造业受地域、空间等限制，资源具有局限性，数据自然也不够广泛和精准。互联网的到来带来了一种新的沟通模式，通过各个行业、企业、设备间的资源整合，建立统一的平台进行数据信息的分享。这就使得更多的企业被这些高质量的数据信息所吸引，纷纷加入互联网平台，从而有效地提升了各个企业在研发、生产、物流中的效率和质量。

康师傅在进军市场的时候，会先进行市场调研和市场分析，如调查消费群体的构成等。针对康师傅的方便面，数据是这样显示的：消费者主

要为 15 岁至 35 岁的年轻群体，其中办公室白领占到消费总人数的 46%，学生占到 17%；男性消费比重为 53.3%，女性为 46.7%。这一项项的具体分析数据都是康师傅与其他合作企业或者其他的平台进行数据信息的集成与分享得到的。针对这些数据进行市场分析，能够更好地抓住消费者的需求以及制定消费人群定位。

康师傅就针对这些数据分析出快节奏生活、工作或学习比较繁忙的人以及衣食起居缺乏规律性的人，是方便面的主要消费群体。学生每天在学校的食堂就餐，口味简单，吃腻后就很有可能选择方便面。

针对这样的情况分析，康师傅着力研究多口味的产品。不单单是传统的红烧牛肉口味，还推出了海鲜风味、排骨以及鸡肉风味的方便面，并且在料包中加入蔬菜、蛋、肉等丰富材料，满足了学生多种口味选择的需求。除此之外，忙碌的人群也是方便面消费的主力军。针对这一情况，康师傅将自己的产品最大化地熟透，使食用时不必等过久的时间。桶面还能免于没有碗的困扰，方便快捷。

根据这样细致的信息集成与分享，康师傅得到了可贵的分析市场的结论，然后针对问题对产品进行改善，才赢得了如今康师傅方便面在同行中的地位。可见借助互联网通过信息的集成与分享实现对接，是企业成功的关键。

3. 结果：企业内部、外部无缝对接

企业内部基于互联网实现设备间、控制系统与设备间的互联互通，进行数字化的信息交流。流程之间互相了解实施进展，设备明白何时自己进行作业，应如何作业等。这些都通过数据信息、编程的方式植入系统之中。

企业外部的无缝对接就是基于现在的多元化需求，企业为提高生产水平和质量，只做单纯、精确的作业。通过企业间的互联合作，实现企业原材料的购买、产品的输出等定向输送，将成本降到最低，通过合作实现共赢，这必须依靠互联网构建互联的信息交流平台才能实现。

2016 年 4 月 25 日北京召开了企业级市场战略发布会。作为一个电商平台，京东有着众多小微合作伙伴。几乎每一年京东都会对自己的市场战略进行调整。在这次发布会上，京东的大客户经理宋春正表示，这次主要是希望通过互联网实现客户对于场景化的需求，尽可能地满足客户的需求，为客户的购物带来优质的体验。实现合作企业间融会贯通，并与客户深入沟通，提供无缝对接的服务。

电商逐渐成为大规模采购的主力军。通过有效的资源整合，丰富的产品结合丰富的客户，提供一站式的购物体验，既节省了用户的时间及金钱，也让企业免于寻找客源。大批量地销售，能得到丰厚的利润。

企业通过互联网这个平台实现企业内部设备流程生产的无缝对接，也通过互联网实现企业与企业之间信息互通、资源共享，实现企业间的无缝对接。

4.4　设计研发：精细化、个性化、极致化

产品的设计研发中有很多因素需要我们考虑周全。例如，产品受不受消费者喜爱？产品能不能满足消费者需求？产品能不能在竞争者中脱颖而出？产品的设计研发是产品的初始环节，也是重中之重。产品研发要想成功就必须遵循精细化、个性化、极致化的生产研发理念，如图 4-4 所示。

1. 精细化

在产品的研发中，精细化是必须要做到的。因为在这个需求不断多元化、个性化的市场，一个粗糙的产品会直接被市场所淘汰。要想在市场上站稳脚跟，就要学会细分市场，根据市场的需求投放精细化的产品。就像一个简单

的牛奶还会出现脱脂、部分脱脂、全脂之分，又或是软包、硬包、盒装之分，再或者是草莓口味、香蕉口味、巧克力口味之分，等等。同样的产品只有做到精细化，才能赢得市场的份额，获得丰厚的利润。因此，注重市场细分、找准产品的市场定位，是企业减少竞争压力、提升客户依赖度的一大法宝。

图 4-4　设计研发的理念

在这种买方市场的影响下，几乎所有的商家都认识到，只有准确把握客户深层需求，才能使设计研发的产品符合客户的口味，从而提升竞争力，带动企业的发展。因此，深入化的数据采集是必不可少的。问卷调查、传感器收集数据等都不失为收集数据的好办法。发现市场上的缺陷，并弥补这种不足，必会带来巨大的收益。

2. 个性化

在工业 4.0 时代到来之际，个性化定制产品向我们袭来。生产力的加大推动了市场产品的饱和。如何更有新意，更能符合客户的需求，成为企业产品研发的主要问题。越来越多的人，尤其是年轻人更希望能彰显自己的个性，“撞衫”等情况会让人们觉得尴尬。

要想实现个性化定制，必须从产品研发阶段就开始改变。获取目标消费人群的数据信息，合理分析，制订个性化的产品计划，实行批量定制法。根据大多数意见相似的数据批量生产，从而满足更多人的需求。或者是直接预留一定的空间让客户自行选择，从而实现定制，如衣服的颜色、配饰或者是能绣上自己的名字之类的格式化定制。再或者，干脆直接让客户描述自己的需求，企业完全根据需求量身定做，最大限度上满足客户的需求。

在实现个性化的这方面，可口可乐的“酷儿”就做得很好。很多人认为“新品推广，十有九败”，可口可乐的“酷儿”却推翻了这个观点。一个新产品上市，就必须携带自己的新规则、新定位和新标准。新品推广真正的共性就应该是拥有自己的个性化标准。“酷儿”首先将自己定位为儿童果汁饮料，并依据这一定位设计了可爱的“酷儿”卡通形象。这个卡通形象有出生证明、有性格、有爱好、有小伙伴，是一个充满活力的小精灵，也是可口可乐最宠爱的“孩子”。这一系列的市场细分举措，使得“酷儿”在混战中的果汁市场一战成名。

1997 年“酷儿”首次在日本上市就获得了巨大的成功，成为最受欢迎的饮料之一，“酷儿”卡通形象也成为最受欢迎的卡通形象之一。随后在新加坡上市两个月内就成为新加坡销量第一的果汁饮料品牌。接下来又在中国全面上市，依旧拔得头筹，成为果汁饮料中的翘楚。仅仅几个月，这个小精灵的名字就被人们所熟知，“酷儿”的名气似乎不亚于一些明星艺人，瞬间成为一位“小童星”。虽然其市场价格比竞争对手高出了近 20%，但是这并不妨碍“酷儿”的风靡。就台湾而言，订单竟超出原计划整整两倍，香港的“酷儿”更是完全脱销。

是什么让“酷儿”这个新产品一经推出就如此成功呢？简单来说就是满足了消费群体个性化的需求。针对儿童市场研发单属于儿童的果汁饮料，以及配以适当的卡通人物提升产品的附加值，吸引消费者购买。针对目标消费者生产和研制产品，定制化的程度更高，顾客的满意度也会更高。

针对细分市场生产适合的产品，可以有效保障客户的依赖度和专属度。生产个性化的产品需要深入了解客户需求，寻找一个受众范围广并且竞争范围小的市场。针对客户的需求研制更适合客户的产品，提升产品的附加值，让客户更乐于购买。这样企业的个性化研制就算是成功了。

3. 极致化

追求产品的完美是企业的使命。最大限度上满足客户的需求，最小成本的投入，最大程度上获得利益，这就是企业追求极致化的表现。对于客户的需求深入了解挖掘，要让研发的产品稳稳抓住客户的心。对于成本的压缩，企业应采取智能化设备替代人工生产的方式以缩减人工工资开支，并进行流程优化，使产品生产的各个环节可以并行生产，缩短生产时间。生产材料则使用绿色新能源，一方面直接减少了生产材料的支出，另一方面也减少了处理污染的支出，同时也保证了生态的可持续性发展。

第5章 智能制造六大实施支柱

要实现智能制造有很长的路要走，有很多考验在等着我们。因此，我们应该实现产品研发要标准化、分解整合要模块化、人机配置要自动化、量化指标要数字化、闭环拉动要信息化、引领趋势要智能化这六大实施支柱，这样才能让我们的智能制造之路走得更加顺畅。

5.1 产品研发要标准化

1. 标准化

标准化是建立在强制执行的基础之上，利用标准严格规范生产行为，从而提高产品质量。标准化是工业制造中很重要的一个衡量标杆。一个企业标准化的程度，直接决定了其生产产品的质量和企业的管理水平，从而直接影响到企业在行业中的竞争力。

充分利用互联网广泛进行标准化的宣传和实施，严格根据标准生产。不论是生产流程上的细微之处，还是管理上大问题，都实现规范化，有一个确切的可执行的标准。这样不但使企业运作更加规范，能为其带来更多利益，企业还能影响其他的企业，以至于整个行业达到统一的标准，促进行业的长足发展。

恒大冰泉原有托盘尺寸为 1200mm×1200mm，产品进出库需要人工

进行托盘码货。不熟悉货品的员工容易出现疏漏，致使装卸效率受到影响，区域之间的产品调配中因为托盘的关系影响到工作效率，形成补货不及时、货多放不下的尴尬境况。中包智能供应链管理（上海）有限公司提供 1200mm×1000mm 的标准木托盘代替原有的大托盘，并利用托盘实现带板运送，很大程度上节省了装卸时间。因此，恒大冰泉能够更好地完成配送目标，达到效率和质量同在。这种标准托盘让货品的摆放位置标准化，就算是工作流程不太熟悉的员工也能进行高效码货。这种标准化的托盘、配送、码货等，给企业带来了良好的经济效益。

标准化程度从无到有，不仅提高了 80% 左右的装卸效率，还保障了旺季销售的及时补货。利用标准化的托盘还改变了运输方式，带板运输模式给企业又添动力，减少了人工成本，节约了企业的生产成本。一个小的标准化实行就给企业带来了丰厚的利润。

2. 加强国际标准化

对于国际标准化组织的规定应该积极参与和配合。积极将企业的标准发展成为 ISO/IEO 等国际标准。在企业内部创造良好的规范化的环境，建立健全的标准化体制，并且在行业中、跨行业都能同步推进标准化的实行。推进国内外标准化的融合，制定统一的标准，对于企业间的合作共赢有着至关重要的影响。

3. 标准化与科技协调发展

标准是随着科技的进步逐渐变化和发展的。随着经济的进步，若标准一成不变，便追赶不上时代的步伐，与科技的进步失衡，也就起不到标准化应有的效果。打个比方来说，在几十年前也许雪糕的包装只是一层纸，那个时候人们对雪糕的需求还没有这么大，因此生产的标准也就没这么严格。而现在，必须严格把控。我们的食品要求随着生活水平的提高而逐渐向绿色、健康发展，而需求和科技的进步自然能够催动标准化的改变。不同的情景，不同的标准，才是企业生存发展的王道。

4. 产品研发步骤

新产品的研发一定要执行标准化的流程，这样才能更好地保障产品的市场接纳率和占有率。要遵循固定的步骤以及固定的标准进行规范化的研发生产，保障产品的质量，提升企业在市场中的竞争力和行业中的地位，如图 5-1 所示。

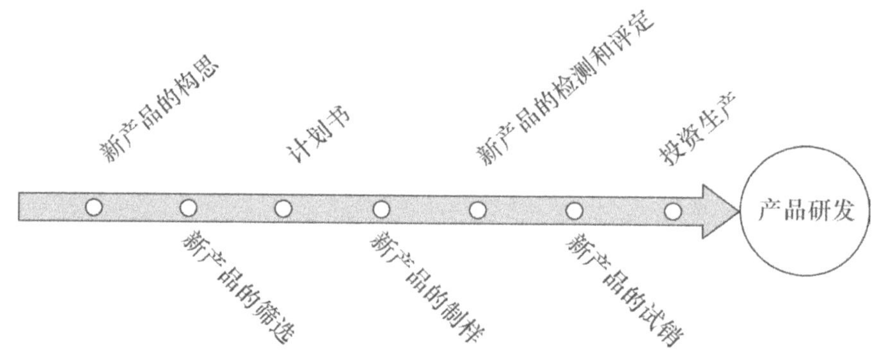

图 5-1 产品研发步骤

（1）新产品的构思

收集信息数据，分析用户需求、市场情况。合理发挥想象力，提出初步的设想，以及初步实现办法。新产品一定要满足消费者的某一点需求，并且易被市场接纳，行动可行性高。构思要新颖，有创造性，但又不能过于天马星空，只有合理思考、发挥想象力才能构建一个有活力、有生命力的产品线。保障在经济和技术的支持下能够实现这种产品的研发，不能使用过于复杂、不能拥有的设备，也不能大量地耗费资金。重要的是坚持以人为本，多参考用户的建议和想法，新的产品就是发现问题，从而生产出可以弥补问题的产品。

（2）新产品的筛选

通过对比各种想法，参考用户的建议进行讨论，最终挑选出最优秀的设计想法付诸实施。这一过程主要是将没有开发价值的想法淘汰掉，将与企业目标一致的、可行性高的高质量想法抓住。

（3）计划书

计划书是产品设计研发中很重要的一个步骤。具体确定产品研发的各项指标、性能以及参数，对于产品的市场分析、利润分析、营销战略等都做足准备，并且列出具体详细的实施方案。这一份小小的计划书，决定着产品的价值和后期的发展。在编写计划书的时候一定要与多人合作，如领导、市场专员、技术人员。通过多方知识的交流，站在统筹全局的角度编写健全的、可行性高的计划书。

（4）新产品的制样

这是一个将纸上功夫落实到实际的步骤。根据计划书的要求，结合具体的实际情况设计新产品。产品的质量、性能、成本等各个方面直接影响到产品的竞争力。新产品的制样要涉及产品设备工艺的设计、样品的生产和小批量制样。当真正的设备、技术等纯熟之后，才会考虑大规模生产的可能性。否则省去这个环节直接让产品面向市场，产品的口碑和企业的品牌很有可能就会被产品的一些问题所影响。因此，这是对产品的一次检验，检验合格才有上市的可能。

（5）新产品的检测和评定

制样出来后，在技术、质量上进行全面的检测，避免产品的不完善带给企业的不良影响。要保障产品功能的可靠性以及产品各项性能，并且分析产品的功能、成本以及所带来的社会效益，对新产品有一个客观准确的判断。

（6）新产品的试销

除了企业内部对产品的合格与否进行检验，还有社会这个大市场对于产品的检验。在一定的范围内投放产品，观察消费者的购买意向以及消费者的使用反馈。针对市场的变化动态进行调整，使产品更适合消费者的需求。

对可靠的数据进行分析，对产品的目标和品质进行适当的修整。根据区域、人口的不同制定不同的营销战略以促进产品迅速打开市场。根据市场销量和回头率，对生产进行进一步调整。

（7）投资生产

严格按照制定的标准进行生产，适应市场变化。针对投放市场的时间、地点、目标消费群体全面筹备。售后、服务、渠道等都需要进一步落实，依据固定的标准投放市场。

5.2 分解整合要模块化

系统具有半自律性，通过与其他的子系统互联交流信息，构成更加复杂的系统或过程就是模块。而在一个复杂的系统中分解整合的过程，就被称为模块化。简单来说就是行业领域的分工合作。模块化是按照一定的规律和标准实行的，复杂的系统与其半自律性的子系统互相整合，就成为模块化整合，互相分解就称为模块化分解。

1. 模块化特点

模块化分解的子系统具有独立的功能。通过组织间密切的信息交流，在生产上协同合作，弥补个人的不足，实现产业整体的和谐发展。将零部件进行整合，形成具有独立功能的模块。建立在关系性资产上的模块化企业能够降低供销成本，甚至使其为零。模块化运用主流经济学理论作为分析的工具，能够很好地解释信息经济条件下的企业中出现的问题，并及时进行动态调整。

传统的产业组织是一个封闭的系统。而在模块化之下，主系统企业与子系统在标准化中交换信息，获得更多更有价值的信息。可见信息和隐性信息同时出现。针对信息进行市场调整，提高对于市场变化的反应能力，形成柔性的复杂系统。

传统的企业生产是通过技术的要求以及质量的监督来保证产品的质量和服务的；而模块化使企业各忙各的，独立进行作业。依据可见信息把控自己的生产。标注控制能力强的企业还可以进行转化。使传统的单项管理向多向管理转变。

在传统的企业中，创新意识往往是由于市场压迫被动产生的。由于市场上的竞争产品的质量、性能不断提高，本企业的产品的销售量、营业利润不断下降，企业出现危机意识，才会迸发出创新的思想，整个过程是完全被动进行的。而模块下的企业，各个模块遵循统一的标准，这种半自律性能够激发企业的创新意识，各个子系统之间可以互相替代，竞争激烈。基于独立完成生产研发，企业间会通过良性竞争的方式取得更好的成绩以互相替代。这就让创新变得主动。利用“背对背”的平行生产模式，在高利润的趋势下，各个模块的企业都卯足创新的干劲。

以思科公司为例。思科就是一个在技术方面十分拔尖的企业，但是这不仅仅是思科自己进行技术研究取得的成就。思科通过购买技术尖端的企业来构建自己的模块化。这种并购与开发的方式非常适用于现代的经济体系，甚至很多小企业就是以被大企业并购作为自己的发展目标。而思科这样的大企业通过将这些资源组合起来，组建自己的模块，成为模块中的主导企业，利于自己的不断创新和长期发展。

模块化的竞争中心是创新的技术和设计，企业之间通过相互的竞争，把握自己的竞争优势，淘汰差的，留下优秀的企业。通过这些技术、设计走在制造业前沿的企业构建成为模块，模块之间互相协调发展，以竞争的方式互相激励和发展。

2. 模块化产业组织的优势

实行柔性易调整的方式使交易边界模糊化。关注复杂系统内外部的整合与分解。组织减少对于子系统公司的干涉，通过市场机制自由调节。模块本身对于子系统企业的不确定性有很强的适应能力，通过差费、添加、整合等办法“淡化”其带来的影响。当一个模块失去市场，另一个模块就会迅速补充上来，从而使整个生产供应链符合市场的要求。

我国的生产制度在经济高速发展的今天由粗放型生产向集约型生产逐步转变，因而对于信息的质量要求更高、数量要求更多、范围要求更广。这就需要传统企业向模块化组织的形式转变，整合资源与信息，使企业的生产结构全面升级，生产水平进一步提升。

模式化的生产较传统生产更具竞争。上级系统可以随意选择合作的下级模块，竞争激烈的同时也要求企业不断进步。进而不断淘汰老旧、技术水平低的企业，不断引入更高技术、更有效的产品，催动企业积极自主创新，寻求发展，并带动整个系统的发展。

3. 实现模块化的方法

（1）**加大模块的能力培养力度**。传统模式的生产受到很大的制约，促进模块化的实现就必须使每个企业都具备自己的独特能力，拥有一定的竞争优势，才能使整体的模块化组织得到发展。提高企业的自主性，包括自主创新、自主转型、自主提升产品质量等。通过这种自主的方式使市场自动调控，各个企业通过标准化的界面实现系统整体的模块化转型。

（2）**要想让各个企业能有创新和进步，人的作用是必不可少的**。模块企业的成员应具备创新能力和创新意识，企业也应该不断对员工进行培训，不断提高员工的综合素质。最好能够建立起学习组织，专门用于技术的研究、产品的创新。另外，政府也应大力支持，帮助企业构建交流的平台，不断推广优秀的科研技术，进一步推进企业的模块化转型。

（3）**信息化是我们这个时代最大的改变**。企业间的生产沟通逐渐由信息化代替。这就要求我们在硬件设备上下足功夫，要是连互联网都不能够实现，怎么能快速进行信息的交流互换呢？产品的整个生产价值链都应信息化，记录基本的生产信息，也在设备间交流信息，又或者企业间的对接都是信息化的需要。因此，建立一个健全的沟通平台也是非常必要的。

（4）**提高上层企业对于标准的把控度**。很多小企业对于标准把控不力，导致很多产品不合格，同时也让制造业的门槛降低，更多不符合标准的企业模仿的产品流进市场，破坏整个行业的声誉。模块化的中心在于上层的中心企业。因此中心企业对于标准的把控度就决定着模块化的程度。为了提高模块化化的程度，企业会提高自己对于标准的把控度，利用法律武器等保护自己的权益，保障各个模块间保持合作共赢的有序状态。

5.3 人机配置要自动化

自动化是工业 4.0 一个永恒的话题，自动化的最终目的就是将人从重复性、低端技术的劳动中解放出来，投入到更需要智慧的环节。而人机配置自动化主要就是通过人与设备合理配合，达到最佳的生产效果。随着技术的长足进步和互联网的全面覆盖与应用，自动化成为我们的关注点。而人与计算机的“组合拳”就相对打得响亮，如图 5-2 所示。

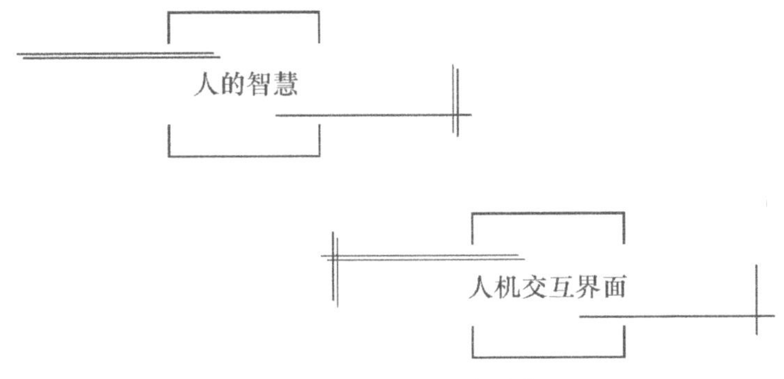

图 5-2　人机配置自动化

1. 人的智慧

人拥有感知能力以及信息处理和传输的能力，是一种智慧生物。传统的工业往往依赖于人类的智慧进行创新和监督。而随着智能化设备的投入使用，人在工厂中的需求逐渐减少，人往往是作为一个最高决策的指导者。似乎人的饭碗都被自动化的机器抢走了，而人作为自动化机器的研发者在工业生产中还是有着不可替代的位置。

（1）**感知能力：**人拥有自然的感知能力，如听觉、视觉以及触觉等。人通过这些感知能力接触感受外界事物，由大脑进行思考和判断，能够通过感知能力掌握产品生产流程上出现的问题，并及时纠正。

（2）**信息处理和传输能力：**信息可以通过神经系统进行传输，由不同的感知能力作为接收信息的源头，并利用大脑和神经进行判断和分析。人目前还不能完全被机器取代，这种对信息的处理和传输功能还将进一步加强。

2. 人机交互界面

人机交互界面是人与计算机之间信息交流的一个界面，又称用户界面或使用者界面，是人与计算机之间传递、交换信息的媒介和对话接口，是计算机系统的重要组成部分。人机交互界面还是系统和用户之间进行交互和信息交换的媒介，它实现信息的内部形式与人类可以接受的形式之间的转换。凡参与人机信息交流的领域都存在着人机界面。通过人机的交流协同配合生产，提高生产力，提升产品品质。对生产作业进行分工，充分发挥人机各自的优势。繁重工作大量由机器承担，最大限度地使用机器的同时发挥人的积极作用，明确人的主导地位，能够更好地进行人机交互生产。

连续的高负荷作业不适合人，但是机器人可以轻松和快速地完成作业。宝马专门开发了轻型的机器人，不需要设计防护的安全措施就能与工人合作生产。从 2013 年开始，宝马集团的轻型机器人就帮助工人完成各式各样的工作任务。为了更好地与轻型机器人沟通，让它们更好地为企业服务，现在，宝马集团正在研究手势控制轻型机器人，并且已经进入测试阶段。通过人机交互，工人能够更好地控制轻型机器人，创造更好的人机共同作业的环境。

5.4 量化指标要数字化

量化指标一般是定量检测出来的一个指标。量化指标的基本要求就是量化标准、准确、科学。广纳进言，以保障量化指标的科学性。一个量化指标要想具有科学性就必须实现数字化。现在是一个信息高速发展的时代，信息的数字化成为人们越来越重视的事情。量化指标数字化就是要让指标通过具体数字体现出来。很多时候量化并非一味的数量化，而是作为一种可衡量的数据应用于我们的生产制造中。

英国物理学家凯文曾经表示，当你能够将你所说的量化用数字表述出来，那么你就能真正地了解它。当你不能量化你所说的，并且不能通过数字化的方式表达出来，那么对于这个问题，你是理解不足的，因而没有能力去解决问题。

简单来说，就像出勤率、营业额等具体数值有的时候不能直接说高或者低，没有一个固定的标准，带有不确定性。数字化就是能解决这种问题的好方法，直接的数字能够清晰地将企业发展的各项指标表现出来。

宁夏在 2016 年开展药品生产企业量化分级管理，用数字化的方法让全区的药品生产企业都做到合格生产、用心生产。药监局将以新版的药品生产质量管理规范为基础对企业的生产进行量化管理。严格规定产品的各项指标，使其都要达到一定的数字线才能进行生产制造。并按照 A、B、C、D 4 个级别为药品生产企业分出等级，按照不同的等级要求制定不同的数字化管理指标。

对于 A 级药品生产企业，宁夏将减少日常的检查和抽检，并且优先推荐该企业。对于 B 级企业，将按照正常的法律标准进行指标的把握。而 C 级企业将增加监管力度，多抽查，增加监测频率。对于 D 级企业来说，除了监测力度增加，其还会被列入政府的“黑名单”，甚至会被吊销生产许可证。

在为药品生产企业分等级之外，药监局还对考核结果进行公开和调整，并将量化考核情况录入药品生产企业信用体系中。用数字化的方式规范企业的生产行为，提升产品质量，也让消费者用药更安心。

药监局通过数字化量化指标的方式将数字直接呈现在消费者的眼前，让消费者能够全面了解药品的各项指标，能够买得更放心。数字化指标，可以制定一个标准线，将企业分成不同等级管理，规范企业行为的同时，也能让企业“发愤图强”，争取向更高的等级晋升。

量化指标数字化能够让我们的生产制造更加标准化。因为单纯的好或者坏没有一个客观的标准，是不能够准确判断的，但是数字化就不一样了，它是客观的，让客观数字影响人们的主观判断，才能得到更客观公正的判断。

1. 数字化的优点

（1）与传统的模拟信号相比，数字化更能有效地保证不受其他外界因素影响，稳定性高。有时传统的模拟信号会因为本身的杂乱波动而失真，但数字化的传输是将传统的模拟信号直接通过转化器转化。因此通过数字化进行信号传送不用再“惧怕远程的威胁”，传送的稳定性高，可靠性也就更高。

（2）数字化的量化指标更加便于处理问题，执行标准化生产。数字化的信息通过将图像、指令等数字化以便于传输信息，同时还易于理解信息内容。这是一种双赢的传输信息的方式。

（3）数字化信号处理电路简单，不需要过多的人力参与，因此能解放很多技术人员，减少不必要的工作，不需要进行过多调整，工作状态稳定。

（4）数字化量化指标所占空间小，数字化通过简单的代码等方式将复杂的信息简单化，压缩成精简版，自然节省了很大的信息存储空间，也加快了信息的传送速度。

2. 量化指标数字化的作用

通过数字化量化的方法企业能够进一步提升产品的质量，管理者也能看清市场中自己的劣势和优势。用数字化的量化指标为企业找到属于企业生产产品的精准定位，并且将其作为一种可操作、有实际指导意义的指标，对于企业的升级和发展都有很大的意义。

3. 量化方法（图 5–3）

图 5-3　量化方法

（1）统计结果量化

按照规定的任务量完成的情况，直接用数字化表示出产量、销售额、利润率等量化指标。

（2）目标达成量化

根据原有的目标任务与现实结果进行对比，得出数字化的对比结果，如达成率、目标实现率、有效工作率等。

（3）分段量化

将不同的环节或者不同水平的工作任务，附上不同的任务要求指标，以考核的方式直接用数字衡量结果。

（4）排名量化

将相同的工作按照不同的完成率、合格率等进行排名，用简单明了的数字排名激发员工的生产积极性。

5.5 闭环拉动要信息化

智能化制造就是一个闭环。通过互联网将整个产品价值链连接起来，不断让生产设备以及生产线更智能化，更是让产品本身变得智能化，这是一个闭环的过程，它拉动整个工业智能化的升级而并非简单的自动化生产。该闭环最重要的是通过传感器、视觉系统等装置完成大数据的采集与分析，从而对产品的研发、生产、管理三个方面实现全面信息化，形成一个有效的闭环。

1. **闭环拉动的作用**（图 5-4）

图 5-4　闭环拉动的作用

（1）**保证生产的连续性和均衡性**。企业能够对原材料以及储备的其他物品定额定量，严格控制定额差，保障生产的连续性和均衡性；同时也能根据不同的生产部门，将整个生产流程透明化，实行责任制，为生产中的每一步都找到对应的责任人，调动员工积极性，避免过高的仓储压力和资金压力。

（2）**把控采购物资的情况**。保质保量的情况下，更好地了解市场，以市场标准作为依据，明确企业内部的采购标准。对于质量以及财务进行严格把控，对采购人员实行责任制，规定奖惩事项，规范采购人员。

（3）**最大程度上降低成本**。通过对于市场信息的掌控，做到货比三家，按时、按量供应。通过对于流通资金、原料的快速流转，减少库存压力，也就同时减少了库存成本。

2. 闭环信息化程序（图 5–5）

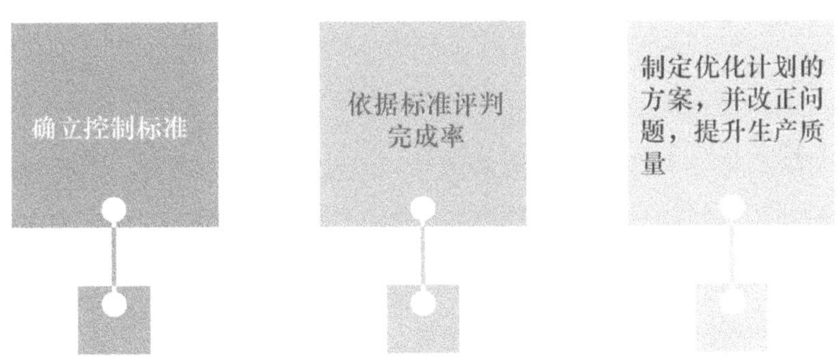

图 5-5 闭环信息化程序

（1）确立控制标准。

（2）依据标准评判完成率。

（3）制定优化计划方案，并改正问题，提升生产质量。

3. 闭环拉动信息化管理

在物流管理的闭环拉动中，物资供应是企业闭环管理的运行过程，也是资金通过这种方式进行运作的过程。供应阶段是整个过程的准备阶段。在这个过程中，企业通过购买原材料、支付员工工资等方式让资金流动起来。

闭环管理主要分为 3 个部分，即生产环节的闭环管理、销售环节的闭环管理、全过程的闭环管理，如图 5-6 所示。

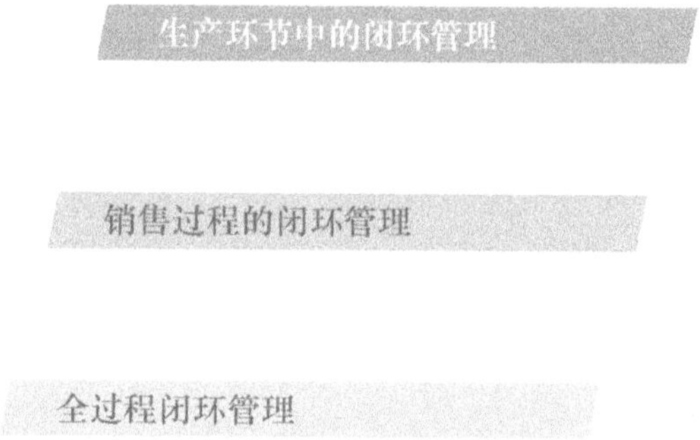

生产环节中的闭环管理

销售过程的闭环管理

全过程闭环管理

图 5-6　闭环管理

（1）生产环节中的闭环管理

生产环节是企业运行过程中最重要的一环。在生产阶段，企业根据市场需求和企业的实际情况，组织员工用原料生产出产品。在这一过程中，企业把生产资金、原料转变为产品，这也是创造价值的过程，是企业盈利的关键一环。在生产中的闭环管理有以下要求。

① 在生产过程中，成本、质量、生产设备是管理的中心、重点和基础；这一切都要以安全生产为前提，以制度、纪律为保证。

② 对企业各部门的绩效考核内容包括成本、质量和产量，把经济责任制层层落实到个人，提高生产过程中的责任意识，在生产中做到速度快、效益好。

③ 企业各部门之间既要分工明确，各司其职，又要团队合作，互相配合，

保证生产任务的顺利完成。

在生产过程中成本闭环管理的目的是为了计划好资金的使用，降低成本，增加盈利，并为企业管理者提供资金使用的决策信息。成本闭环管理要做到产品成本计算、成本分析控制、成本计划编制，为企业管理者提供决策依据，对企业的生产项目进行正确评估，使成本降到最低。这个工作主要由财务部门负责。

产品质量要依据 ISO9002 质量控制体系的要求提供质量信息，质量信息分为两类，一是管理动态信息，二是质量要求信息。质量动态信息要随时纠正生产过程中的偏差，并制定整改措施，为企业管理者提供决策依据。质量要求信息中要包括质量方针和质量目标。质量管理在生产中占有很重要的地位，这主要由质管部门负责。

工艺管理由企业的技术部门负责，主要包括产品工艺分析、撰写工艺方案、编制工艺流程，并进行工艺管理。要定期对企业的工艺进行检查，提高产品质量。计划部门要根据实际情况制订年度、季度、月度生产计划，对生产进度进行控制，实现生产目标。设备维修部门负责设备的管理、维修，保证设备的运行正常、状况良好，从而降低成本，提高效益。安全部门负责安全生产，安全生产是企业发展的前提条件，安全部门要强化员工的安全意识，保证生产的顺利进行，不出现事故。

（2）销售过程的闭环管理

销售是企业运行的一个必要环节，目的就是把产品卖出去，回笼资金，使企业的资金完成一个循环。这是企业产生效益的关键，在企业资金形势普遍严峻的情况下，做好销售过程闭环管理是很重要的，这个责任在销售部门。

（3）全过程闭环管理

这是对企业整个生产过程的闭环管理，包括供、产、销三个方面。对企业全过程的闭环管理都是围绕企业的利润来开展的。对企业来说，整个闭环管理就是通过对设备、成本、质量、产量资金等的管理，达到人、财、物的最佳配置，实现企业低投入、高产出的良性循环。

信息已经成为现代企业管理的一项重要资源和基础，在企业的闭环管理中，信息的传递是重中之重。企业的生产过程中只有各部门互相配合，才能顺利完成，部门之间的沟通协调就离不开信息的传递。所以，闭环拉动要信息化，信息化已成为企业增强竞争力的重要手段。

5.6 引领趋势要智能化

智能化是指由现代通信与信息技术、计算机网络技术、行业技术、智能控制技术汇集而成的针对某一个方面的应用。要想在市场占据一定的领先优势，智能化绝对是一个必需品。就像衣服总会有一个流行趋势，想做行业中的领先者，就必须建立起新的趋势。智能化能够推动新的趋势发展。

现在人们工作生活的方方面面都在朝智能化方向发展，如办公室智能化、商业智能化、住宅智能化等。智能化已经开始进入人们的生活，如无人驾驶汽车等。只有想不到，没有做不到，随着技术的进步，这些想法逐步都会变成现实。现在一些智能化产品还处于初始发展阶段，但是未来的发展空间巨大。在电脑刚刚发明的时候，它是个庞然大物，如果当时有人说电脑会变得很小，没有人会相信。以前很多不可能的事情，今天都实现了。智能化也一样，今天听来像科幻，在未来都可能变成现实。

智能化的产品已经被人们所接受，它给人们的生活带来了非常大的便利。一些有前瞻眼光的企业已经开始进行智能家用产品的研发，并且取得了初步成效。这不仅避免了传统企业的竞争，还开辟了一个新的领域，占领了新的市场。

净水器现在已不是什么新鲜事物了，随着人们对饮水安全的重视，它已经走进千家万户。但是净水器的市场竞争十分激烈，宣传语五花八门，让消费者陷入了迷茫，不知道选择什么样的产品好，从而也影响了净水器在市场上的销售。

而英国的一家企业不走传统之路，他们投入大量资金，历时 3 年研制出了 EPAN“净芯”超滤膜和纳米 NAT 纳米复合滤芯，向智能化方向迈出了一步，市场反响良好。这家企业已经停止了低端净水器的销售，避免和众多生产净水器的企业在低端产品上打价格战。它甚至还推出了一款售价高达 2 万元的智能商务一体机。

现在人们对智能产品的需求越来越高，智能化也成为全世界科技发展的主流趋势。以手机为例，在功能机时代，诺基亚是手机行业的巨头，引领了潮流。但是它没有跟上时代的趋势，在智能机时代落伍了，因而导致企业破产。

随着人们生活水平的提高，消费者的消费需求也发生转变，对智能产品的需求不是求新、求奇，而是使生活更舒适、更方便。智能化是未来的大势所趋，80 后、90 后逐渐成为社会消费主力人群，且购买能力普遍提高，消费观念也与过去不同，他们对智能产品的需求越来越多。因此有专家指出，只有第一时间挖掘用户需求，并通过技术创新研发出高于需求、贴近生活、改变生活产品的企业，才能实现对消费趋势的引领，占据行业领导者的地位。

在互联网时代，随着技术的进步和人们生活水平的提高，智能化的产品将深入人们的生活。例如，无人驾驶汽车、智能家具已经进入人们的生活当中。在未来，家庭智能化已经成为发展的趋势，目前在这一领域的竞争十分激烈，各大互联网公司都希望将智能化系统引入到商用环境，延伸到家庭，谋求更大的市场份额，甚至有不少创业者和房地产开发商也加入智能化的竞争中来，企图分得一杯羹。企业在未来要想引领趋势，就要智能化。

第 6 章
智能制造四大数据支撑

单一小企业的生产范围及对市场的观察能力有限，容易以偏概全，造成决策失准。企业需要通过大量的数据采集和分析，在数据中提取自己所需要的，从而为体系中的单一企业提供强有力的后盾。这种依靠数据做支撑的情况不是暂时性的，而是需要随着企业的发展、需求的变化而不断调整数据内容和供应。

智能制造的数据支撑主要包括产品数据、运营数据、价值链数据和外部数据。这四大数据支撑着产品从生产到销售的整个过程。

6.1 产品数据：为满足个性化需求提供条件

每一个产品从原料到生产再到使用，都拥有自己的产品数据。产品数据包含很多方面，如产品的生产过程、产品的成分数据、产品的服务等级等。

市场上产品趋于饱和，为了让产品更适合客户的多元化需求，产品数据就是一把利器。产品数据能够明确说明产品的所有信息，让生产透明化，从而吸引消费者，寻找到最需要的产品。因为消费者对于产品都有一些明确的要求，企业能够根据自己的产品灵活转变生产方式以适应个性化的需求。

而产品数据不只是一串数字这么简单，是产品整个生命周期的全部信息。产品信息不同于我们的身份证，但也是一种身份的象征。收集数据简单，重要的是如何管理好这些产品数据，让他们能够为企业所用。

1. 数据目标明确

目标的明确不仅局限于数据，更要了解产品能够满足客户的哪些需求。应当设计一个成功的节点，规范生产制造的全过程，在分析数据前先把目标清晰化。

在查询数据之前，要带着问题去查询，要明确需要查询哪方面的数据，需要得到哪方面的信息。查询数据要能够从中得到一些信息，得到一个结果。

2. *数据定义清楚*

明确数据目标之后需要定义清楚数据，主要包括清楚上报机制以及明确指标定义两部分。首先，了解数据的上报机制能够了解到数据是通过什么方式上传至服务器的、保存有效期是多久、丢失重建的时间，等等。对于原始数据的把控能够更好地帮助企业了解产品，从而优化产品。

其次，明确定义各项数据统计，不同的产品有不同的定义，数据反映产品的活跃程度也是不同的。就像淘宝会根据用户搜索的关键词频率来明确活跃的产品，优酷会根据视频的下载率明确产品的活跃度等。

明确数据定义是数据分析准确的前提。如果“驴唇不对马嘴”，那么产品数据的价值自然也就无从谈起。

3. *数据分析*

数据基本正确的情况下，对目的的分析一般有两类。

（1）定性分析

定性分析就是对研究对象进行“质”的方面的分析，它解决研究对象“有没有”“是不是”的问题。定性分析主要凭借分析者的直觉、经验，对研究对象的性质、特点以及发展规律进行判断。这种分析方法比较粗糙，在数据资料不充分时比较适用，适合一般的投资者和经济工作者。

（2）定量分析

定量分析是对社会现象的数量特征、数量关系与数量变化的分析，它是通过统计调查法或实验法，在收集精确数据资料的基础上，进行统计分析和检验的研究过程。

定性分析和定量分析是统一的、相互补充的，定性分析是定量分析的基础和前提，定量分析使定性分析更加科学、准确。可以说，这二者是相辅相成的，定性是定量的依据，定量是定性的具体表现。在进行数据分析时，把二者结合起来才能取得最佳效果。

数据的概念在 20 世纪 90 年代初就出现了，数据库之父比尔 • 恩门提出了数据的概念。2005 年，约翰 • 韦伯斯特和克里斯 • 斯塔库提斯合著的《无所不包的数据》中，就讲述了大规模收集数据如何改变企业的业务和人们的生活。数据看似杂乱无章，但是经过处理、分析和统计，就能得出有价值的信息。从事数据行业的人说："我们从事大数据行业的人员所需要做的就是通过一定的方法榨出数据的相关价值。"对企业来说，对其产品的数据处理，能了解人们对产品的喜好，为生产个性化的产品提供了条件。

6.2 运营数据：实现工业控制与管理优化

运营是对企业日常运营过程的一种管理，它包括计划、主旨、实施、控制等阶段，与产品生产服务的各项管理都密切相关。通过对日常生产制造的分析发现等，对整个工业生产进行标准化控制，实现产品的优化生产。在产品的设计、运行、管理等方面进一步改进和优化，保障产品的各个环节的正常运作和及时调整更新。

当运营与数据碰撞，会产生什么样的火花呢？运营数据通常是指在日常的生产运营各个环节的数据收集与分析。企业通过对数据的深度挖掘和分析，将隐藏在数据中的信息提取出来，通过这些海量的数据对生产运营的各个环节进行改造升级以及日常监控管理，如图 6-1 所示。

1. 了解生产运营情况

通过建立数据监控体系，实时掌握产品的生产状态，了解产品的进度、质量等。通过对于自身的生产状态进行把控，更全面仔细地了解产品，生产更好的产品。

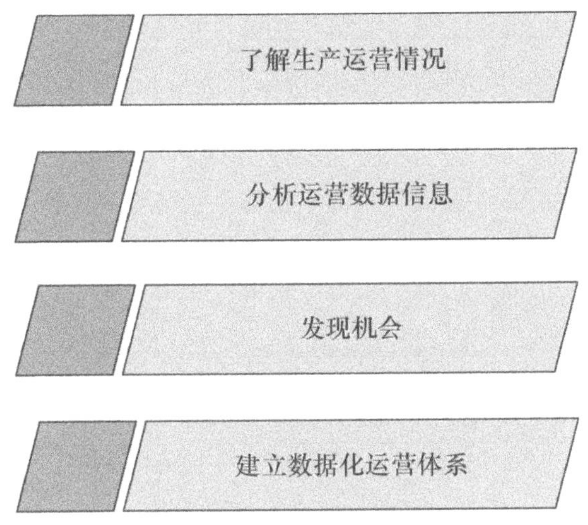

图 6-1　运营数据管理

数据通常是零散的，要想分析出有用的数据必须建立在庞大的数据信息基础之上。因此，必须将数据整理到一个框架里，按照标准的顺序进行整理，这样我们凭借数据更容易分析出需要的内容，这样也才能真正发挥数据的作用。

首先，数据的量很大，不同的阶层对于数据的需求不同。如管理者需要掌控整个企业的各个方面的数据，而底层员工只需要把控自己手头的生产流程数据。所以运营数据对于不同的需求者是有不同的价值的，根据不同的需求将数据分成不同的框架，让不同阶层的人能够各取所需。

其次，收集运营数据制成框架，在出现问题时可以迅速找到问题的症结所在。例如我们最为关心的交易量问题，如果一天时间里交易量出现大幅度下滑，那么很有可能是生产运营中出现了很大的问题。这个时候单单依靠交易单数、单价数无法定位到问题。这个时候好的数据框架的优势就显现出来了。我们可以依靠数据框架从流量渠道、产品品种等方面具体到这个问题的具体负责人。不能让数据漂浮于空中，数据落地才能更好地分析和利用。

2. 分析运营数据信息

我们通过运营数据看到问题还不够，重要在于解决问题。通过对于数据的了解，我们能够迅速发现生产运营中的各种问题。这个时候就到了分析数据的阶段，解决问题就离不开运营数据。

数据是具有客观性的，但是人却是主观性的动物。因此人对于运营数据的理解和分析是带有主观意识的，这种主观意识就决定着运营数据分析的走向问题。相同的事情在一个人看起来可能是再好不过了，另一个人看起来却没法再糟糕了。这种现象很常见，真理不容易被统一。在寻找真理的路上，先明确自己的立场，再运用运营数据证明自己的观点，这是不可取的。这会让自己的主观意识带动而选择性地分析运营数据。正确分析运营数据，应该是先通过大量的运营数据进行分析得出一个观点，并且通过多人讨论分析，总结出最客观的结论。

3. 发现机会

利用运营数据可以帮助企业发现生产运营中的机会，带动创新。例如产品在进入市场前我们会对市场进行分析，对市场进行细分就需要针对目标的消费群体做研究。运营数据同样可以更好地帮助我们进行市场细分。

通过用户在购物网站上搜索的关键词以及成交数据进行分析，了解消费者的需求在哪里，消费者的哪些需求没有得到更好的满足。对这些需求旺盛但供应不足的市场进军，会更容易占领市场，赢得一席之地。通过运营数据发现行业的细分市场需求，可以更好地服务消费者，能够发现更有潜力的细分市场。这就告诉我们从运营数据中能够挖出“宝贝”，要认真对运营数据进行收集、分析和应用，不能对数据熟视无睹，白白错过商机。

4. 建立数据化运营体系

数据通过报表、分析报告等形式给企业的管理者进行决策的参考。随着越来越多的人开始重视运营数据，关于数据的多方面需求也逐渐冒出头来。

数据也可以通过产品直接作用于消费者，这叫数据变现。大数据时代的到来也是机会的到来。如果不能合理利用运营数据，那么随着数据的日积月累，存储空间、浪费时间会越来越多，这就会是一个灾难。

建立健全的数据化运营体系有诸多好处。能够统筹地思考问题，站在高处更为全面地分析解决问题。单举出一个“关联推荐”来解释一下：当你在网站上购买了一个产品后，网站会推荐相似的产品，增加你的购买几率。网站通过关键词搜索的数据发现你的需求，并在很多个页面上显示出你可能需要的产品。这样的关联推荐已经渐渐成为网络购物的“导购”。而这一切全是基于运营数据的分析，可见一个大数据的时代已经到来了。

6.3 价值链数据：重新挖掘比较成本优势

成本是影响企业利益的关键因素。成本不仅仅是产品的原材料以及加工的成本，还包括运输、物流、人力等成本。一个产品其他因素不变的情况下成本降低，必然会影响价格，价值也相对提升。随着企业的不断发展，追求成本的最小化、价值的最大化已经成为企业间共同的话题。因此，成本优势成为企业的一个巨大的竞争力，而成本优势的主要来源，不是使用劣质的原材料，而是在于价值链间的巨大空间。

企业之间的竞争往往不是真正的企业与企业之间的产品竞争，而是发生在价值链上的竞争。在一个企业中，往往每一个环节都能创造一定的价值，带来一定的利益。因此对企业生产的各个环节进行有效的管理，使产品的整个价值链能够实现利益最大化，才能在市场上获得更大的竞争优势。

产品的主要价值链就在于人力配置、资金配置以及物理配置，这 3 个方面的不同分配造成不同的生产成本。资源合理配置就成为节约成本的一大必备条件。资源配置不合理就容易产生资源浪费、生产浪费、库存不均等问题。现在很多企业还不注重智能化的管理系统，“多劳多得”的概念还在影响着这些企业的生产经营思维。这些企业的资源能够产生多大的价值，资源如何更合理地分配、如何解决浪费问题等方面，没有一个大局的观念，以至于总是埋头苦干却得不到应有的价值。

在这个经济高速发展的时代如何更好地组织、重塑价值链呢？这就需要数据的支持了。在产品的整个价值链上，各个企业之间、各个设备之间的对接会浪费很多的时间和材料。这就要求我们整合整个行业的价值链，让生产实现一条龙，并且能够在各个行业中互相切换，在企业间实现无缝对接。

1. 价值链

“价值链”理论是哈佛大学商学院教授迈克尔 • 波特于 1985 年提出的，波特认为：“每一个企业都是在设计、生产、销售、发送和辅助其产品的过程中进行种种活动的集合体。所有这些活动可以用一个价值链来表明。” 波特的“价值链”理论揭示，企业与企业的竞争，不只是某个环节的竞争，而是整个价值链的竞争，而整个价值链的综合竞争力决定企业的竞争力。用波特的话来说：“消费者心目中的价值由一连串企业内部物质与技术上的具体活动与利润构成，当你和其他企业竞争时，其实是内部多项活动在进行竞争，而不是某一项活动的竞争。”

企业的价值创造是由一系列活动构成的，这些活动可分为基本活动和辅助活动两类。基本活动包括内部后勤、生产作业、外部后勤、市场和销售、服务等；而辅助活动则包括采购、技术开发、人力资源管理和企业基础设施等。这些互不相同但又相互关联的生产经营活动，构成了一个创造价值的动态过程，即价值链。

企业的一系列经济活动都是通过价值链来完成的，例如，在外部，企业的采购、销售牵扯到和企业相关联的上下游企业；在内部，企业的各部门之间也存在着价值链，它们是通过价值链联结在一起的。价值链上的每一项活动，都会对企业的价值造成影响。

2. 数据在价值链上的作用

（1）**通过数据的支持了解和发现产品价值链上的不必要环节，删除或合并这些环节，以缩减生产成本，提升产品竞争优势**。例如，生产过量、供应过量、运输时间、库存不均等都需要强大的数据进行分析，以支持和改进生产过程，使其更简洁、更有效率。

（2）**通过对于数据的分析可以及时准确发现生产流程中的问题**。对于与行业中其他企业存在的明显差距、营销手段对于消费者的需求把控度不够，想要提升企业的品牌影响力、提高员工的满意度、降低残次品的生产率等这些方面数据的分析整理都是必不可少的。

（3）**通过数据优化整合客户的需求**。各个环节都设置成最优化的，组合到一起时却不一定是最优化的组合，必须结合数据分析才能更好地抓住客户的需求。

6.4 外部数据：提升管理决策与市场应变能力

数据基于互联网进行飞速的传播。拿流量的单位为例，其经历了从 KB 到 GB 再到 TB 以及 PB 的变化。这就说明越来越多的数据在不断地涌现出来，并且增长速度很快。很多企业也逐渐认识到数据的重要性，开始收集和分析数据。

智能化制造离不开数据的支持。内部数据能够明确企业生产各个环节的状态，能够提高产品的质量水平、生产效率以及管理水平；而外部数据能够提升管理决策和市场应变能力。这是因为内部数据和外部数据的来源不同，影响的结果自然也不同，但是相同的是数据能够带给我们更广阔的视野。

数据不在本地，人们只能利用本地的数据资源分析生产过程中的内部情况。这就严重制约了企业的全面发展，不能放眼于世界，仅仅“独善其身”是不行的。企业的发展主要就是通过对比和竞争实现的。企业与企业之间，企业与市场之间的数据分析具有更大意义价值。数据无所不在，但要想得到有效的数据却没那么简单。外部数据的来源多种多样，可以来自不同的企业甚至是跨越行业。虽然仅仅上网就能获得一些实时的数据信息，但很多企业还没有投入时间和精力去探索外部数据，而在业务需要做决策的时候却有越来越多的商业领袖和专家开始重视外部数据的价值。

1. 外部数据的价值

这是一个互联网与经济都高速发展的时代，也正是我们“拥抱”外部数据的完美时机。那么外部数据究竟能为企业带来什么呢？其答案如图 6-2 所示。

图 6-2 外部数据的价值

（1）**外部数据能够帮助企业拓宽视野**。当企业仅仅局限于收集内部数据，就只能通过不断优化自身来提升企业在行业中的地位，带动企业发展；但是却不能了解全局，因此也不能了解更多的问题和需要改进的地方，企业自然也就不能够全面发展。因此企业必须积极搜寻外部数据，如用户数据、竞品数据、合伙人数据等。

（2）**外部数据价值大但价格却不昂贵。**大量的数据库都能通过互联网免费得到。数据的开放程度越高，越容易被获取，越容易起到作用，影响力会更大。收集数据、分析数据并运用到生产制造中去也就同样容易得多。

（3）**先进的技术工具让获取数据更容易。**获得数据的渠道多种多样，甚至不用自己去收集数据，有些专业的第三方可以帮助企业完成收集数据的工作。

（4）**外部数据拥有实时性。**实时进行更新，让企业更了解行业的整体动态以及消费者需求问题。尤其是当市场变动或是需要决策的时候，外部数据能够发挥很大作用。例如，了解一个行业的状态就可以通过大量的实时数据有针对性地推出新的产品，让新产品更适合市场的需求，或者是借力第三方收集数据了解实时的外部数据，从而做出准确的决策。

（5）**外部数据能够提升企业的竞争力。**所谓“知己知彼，百战不殆”，市场上也是这样。当你事无巨细地了解了竞争对手，那么你必然是激烈市场竞争中获胜的那一方。当你事事都从数据中发现先机，那么也必然成为行业中的领导者。

2. 外部数据的特点

（1）外部数据相对比内部数据来说更陌生，不好把控，需要时间沉淀以及经验的增加。

（2）**需要一个专门的收集和分析数据的团队。**收集数据较为简单，但分析数据却不容易。这需要有专业的知识，并且能与企业现实结合起来，分析企业面临的问题与机遇。

（3）在做决策的时候必须要内外结合，即内外数据一同参考，这样才能让数据更为全面，以此做出的决策才会更加“英明”。

3. 外部数据获取平台

（1）Data.gov：有 130000 多个数据库。通过这个庞大的数据库，企业能够定位产品的目标消费人群，洞悉整个行业的动向和预测行业未来的发展趋势。

（2）Import.io：这是一个互联网收集平台，每天都实时收集互联网上新鲜的数据信息。其收集信息的范围很广，并且数量也很庞大。这个平台的外部数据在竞品分析方面有其独到之处。

（3）SEMrush：这个平台工具主要应用于广告创意、网站建设创意等创意型、策略型的产品分析，能更好地帮助企业了解市场。

第 7 章
智能制造五大创新驱动

创新是指以现有的思维模式提出独到的、异于旁人的见解或思路，并且利用现有的资源创造新鲜的事物。创新不仅仅局限于产品的创新，一项新的技术、新的设备等都可以作为创新出现。一次次进行变革，其实就是创新的一次次进步。在技术、产品等各个方面进行创新，推动企业进步，也促进整个行业的进步与发展。

创新不仅仅是企业竞争中的一大手段，同时也是行业发展的一大动力。当智能制造逐渐走进我们的生活，越来越多的创新产品得到我们的喜爱。智能制造包括五大创新驱动，即技术创新、产品创新、模式创新、业态创新以及组织创新。

7.1 技术创新：快速轨道的利器

技术创新是一个老生常谈的话题了，要想跟上时代的发展，在市场中占领一定的地位或是领先优势，就必须依靠技术创新。技术创新是将创新的新技术、新工艺应用到企业的生产运营中去，通过这种方式提高企业的质量，提升产品的附加值，并占领更大的市场份额。都说成功没有捷径可以走，其实不然。技术创新就是企业快速发展的利器。技术创新说难不难，说简单也不简单。一个新的思路从提出到应用需要的是更新颖的思维方式以及更能发现问题的眼光。

技术创新不仅仅是为了企业的发展，同时也是为了国家甚至是全人类的发展。技术创新是国家发展的战略核心，也是提升综合国力的关键性因素。技术创新刻不容缓，一旦忽略就可能会屈居人后。因此技术创新既是企业快速发展的利器，也同样是市场竞争与发展的利器。

当我们想到搜索时一定会想到百度搜索。百度搜索拥有着庞大的数据库，并且通过网络能快速准确搜索出大量自己所需要的信息。因此搜索就成为我们日常了解新闻、学习知识等一大窗口。在百度的技术创新大会上，“框计算”这个新的技术隆重向世人推出，让模糊式的查询得到一站式的解决，还依靠这种创新技术推出“司南”“福尔摩斯”等创新产品加以辅助，让百度的搜索营销的服务理念贯穿整个过程。这主要是借助搜索的庞大需求从中引入营销的战略技术。

百度通过《中国搜索引擎价值研究报告》的调研结果，了解到在搜索页面投放广告，其价值不仅仅在于增加点击率以及对客户行为的改变，更能进一步提升品牌，增加客户对品牌的好感度。对于企业来说，这是个提升知名度的好机会，对于客户来说能够快速找到需求。这种搜索的本身就能锁定用户的兴趣和需求倾向，对于购买决策起了很大的推动作用。这些创新技术能够为搜索的广告主进行细分推广，通过关键词、关联词等搜索为企业带来客源。并且它拥有对目标消费人群的行为分析，配上有针对性的推广技术，能够让企业得到更多的需求。而广告只有提供真正用户喜欢并且认可的信息，才能被更好地推广。

通过技术创新将搜索与营销相结合，筛选出适合的用户和适合的推广信息，能够通过流量统计、关键词分析、访客分析等多重的分析服务，实现人性化服务。通过百度推广，很多企业获得了更高的知名度。

百度就是通过这种不断的技术创新吸引用户的，同时也吸引了庞大的广告主和资金。通过搜索营销这种新工具的出现，再一次提升了百度的服务品质。目前百度服务覆盖中国95%以上的网民，这就是最好的证明。

任何企业想要发展都离不开技术创新。在智能化逐渐走入我们生活的时代，不进则退，没有创新的技术，企业也就没有发展的前景，久而久之，就将成为行业的“尾巴”。技术创新是企业追赶潮流、提升企业竞争力的一大法宝。

1. **根据创新的重要性进行技术创新分类（图 7–1）**

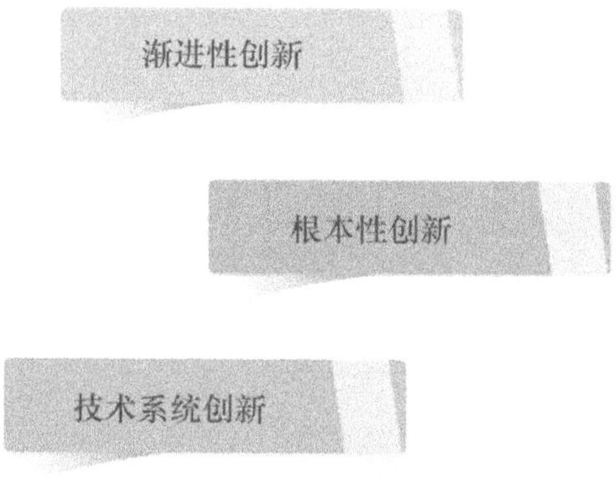

渐进性创新

根本性创新

技术系统创新

图 7-1　技术创新分类

（1）**渐进性创新**：渐进性、连续性的、长期存在的小创新。

（2）**根本性创新**：完全开拓出一个新领域的创新，又或是对于某个行业或者某个领域有重大突破的创新。

（3）**技术系统创新**：整个系统的创新与升级能够对智能制造带来更深远的影响。通常会由一个个创新组合起来，从而获得更大的创新力量。

2. **创新的演化过程**

技术的创新是一种模式的升级，先吸收后创新是它的重要特征。技术的能力与模式，是在经济的发展之下不断进行演变升级的。企业的生存离不开技术创新的升级，这同时也是创新自主性的一种升级。自主性创新可以分为 3 个阶段，即技术模仿阶段、模仿创新阶段、自主创新阶段。这 3 个阶段能够帮助企业由浅及深，逐渐了解技术创新和自发进行技术创新。

3. **技术创新对于企业发展的重要性（图 7–2）**

（1）技术创新能够使企业保持活力

技术创新是整个创新的核心，它为企业的生产、发展和管理提供技术保障和支持。一个企业若不能顺应时代的发展，必将被时代所抛弃。那么如何争当时代的宠儿呢？秘诀便是技术创新。现在很多大企业都注重技术创新，每年的研发费用都高达 10 亿美元，这些费用都用于支撑技术创新。海尔、华为、联想等企业都在技术创新方面加大了投资力度，通过技术创新的方式让整个企业焕然一新，保持旺盛的活跃度和精神力。在这种环境下，进行生产制造能够让员工更有目标地努力工作，企业也能拥有更好的发展机会与前景。

技术创新能够通过改变企业的生产管理模式而提升企业的管理水平

图 7-2　技术创新的重要性

（2）技术创新能够提升产品的质量水平

技术上的创新，对于产品的生产方式和工艺有着很大的影响。技术创新的目的就是为了让生产更加便捷、产品的质量能够得到提升。因此，技术创新也就围绕这些方面开展创新活动：一方面，技术创新能够提高材料的利用率，减少对于原材料以及能源的浪费，减少投入成本；另一方面通过新设备、新工艺的引入降低生产成本，提升产品质量。在市场竞争中，成本与质量差异化向来是竞争的两大要点，能够决定产品的走向。技术的创新可以有效控制成本，提升产品质量，并且为产品增添差异化的优势。企业如果能够有效利用技术创新，就能通过降低成本、增加产品差异性而赢得市场，打败竞争者。不过技术的创新是需要大量的资金、经理、人力、物力的投入的。而且创新是一个漫长的过程，并非一蹴而就。因此，在创新的过程中，企业必须建立起良好的市场环境，并响应政策，才能激发技术创新的动力，为企业获得更大的价值。

（3）技术创新能够通过改变企业的生产管理模式而提升企业的管理水平

技术创新是企业不断适应市场变化的一种方式。技术创新不仅能通过内在生产的技术创新提升企业的市场竞争力，还能通过管理创新来提升企业的市场竞争力。在管理技术创新中挖掘能够提升企业经济效益的方式，降低成本、开拓市场，形成自己独特的品牌优势。通过管理的技术创新，改变企业的整体面貌，从大方位上把控生产研发，从而获得更稳定的市场占有率。

武汉健民中药工程公司就是我国比较早使用技术创新管理模式的公司，也正是因为这一正确的决策才使得该公司焕发出蓬勃的生机。在公司成立初期的 5 年间，它就已经承包了 30 多项国家项目和湖北省的项目，其产品的二次开发也收获颇丰。它依靠着强大科研实力以及技术创新管理，提升了企业的产品更新换代的速度。随着技术创新在管理中的应用，企业的科技含量逐步提高，市场份额也逐渐扩大。技术创新管理推动着企业的不断发展与稳定进步。短短 10 年间武汉健民集团的企业效益涨幅就高达 30%，连续 7 年税后利润超过 2000 万元，并且国家也对其相当认可，认定武汉健民集团为国家高新技术企业和国家计委确定的全国中成药小儿用药基地。在技术创新的不断推动之下，武汉健民集团还获得了“全国质量效益型先进企业”“全国中药行业优秀企业”“全国工业 500 强”和“行业 50 强”等荣誉称号。这也标志着市场以及消费者对企业的肯定。

武汉健民集团就是通过技术创新的方式在短期内实现了一个大的飞跃，可见技术创新是企业快速实现升级的利器。技术创新可以降低生产成本、提升产品质量，进而提升企业的市场占有率。通过管理模式的技术性创新，还能使企业的生产管理更加规范化，让各个环节的连接更为顺畅，让整个企业的运作得井然有序、更加简洁。

7.2 产品创新：工业产品数字化智能化发展方向

随着信息技术席卷工业生产，产品创新就成为市场竞争的新宠。产品创新包含多方多面，既包含产品的新发明、新想法，也包括产品在质量、性能以及成本等方面的提升。也正是因为这样，产品创新从不同的角度看都是不同的类型。按照产品创新程度来划分，可以分为突破性创新和渐进性创新；按照产品创新的方向划分，可以分为前向创新和后向创新两种模式；按照产品创新的维度划分，可以分为深度创新和宽度创新；按照产品创新的要素可以划分为设计创新、外观创新、规格创新、功能创新、工艺创新和材料创新等。

打开创新思路是产品创新的重中之重，了解市场的新需求，增加产品的新功能这都不能只是设想。要找寻一个好的切入点，这样才能事半功倍，也更容易生产出符合市场需求的产品。下面罗列出 8 个切入点，如图 7-3 所示。

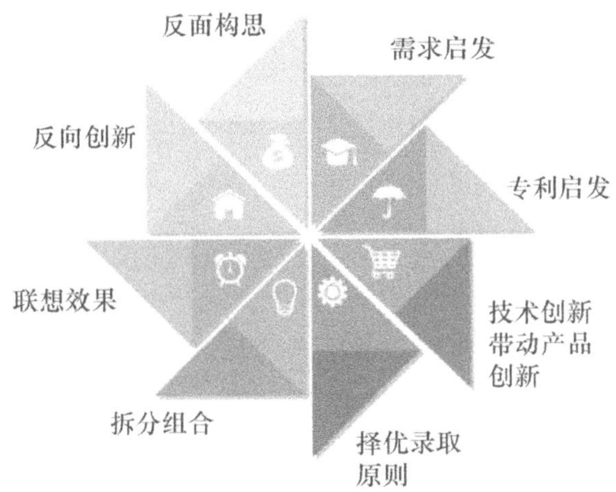

图 7-3　产品创新的切入点

1. 需求启发

产品本身就是为了满足人们的各种物质或者精神的需求，通过细分人们的不同需求，实时动态地掌握人们需求方向的变化，从而根据需求进行产品创新。这是产品创新思路的灵感和源泉。以雀巢公司为例，因为众口难调，每个人对于咖啡味道的需求不同。雀巢推出了不同口味的咖啡以满足更多的人的需求，并且针对当今社会人们工作越来越忙的情况，他们还推出了速冻餐，通过简单的微波炉加热就能享受到一份美味的午餐，吸引了很多上班族的目光。针对西方国家人民对于宠物的喜欢，雀巢果断进入宠物食品的市场，收益非常可观。目前雀巢公司已经占领世界宠物食品市场份额的 75%。

2. 专利启发

随着社会的发展、科技的进步，越来越多的人通过申请专利维护自己的发明创新。但是同时人们也可以在这些专利中寻找新的开发目标，以专利为一种参考，能够迸发出更新颖的思路和创意，或是直接作为一个新产品的初级构建模型。

3. 技术创新带动产品创新

我们总说科学技术是第一生产力，这是因为技术在产品创新方面有着不可或缺的作用。一个新的产品需要有新的技术、新的材料、新的工艺、新的用途。利用技术进行产品创新有 3 条前进道路：首先，就是能够简单直接地进行全面突破，从技术创新入手，直接进行产品创新的构思；其次，需要通过技术的创新为基础，发挥技术创新的优势，带领产品进行创新；最后，也可以使技术与产品相互配合，共同进行创新。这一种的新颖程度更高，也是目前最为流行的一种产品创新的方式。

4. 择优录取原则

产品从最初提出目标到最终的新产品上市出售，都是由各种功能、流程、元素、管理等组成。每一个环节都会有多重的选项，就像刚提出的可行性计划会有很多方式，这就需要我们在挑选的时候择优录取，发现最好的创新方案或者问题的解决方式等，最终实现产品的最优化创新。

5. 拆分组合

产品创新的一个很常见的方式就是拆分组合。在产品创新的研究阶段，通常会将研究的对象按照层次、特点、功能等方面拆分成一个个的个体，并且分析它们各自的优势和缺点，再按照一定的内在联系将它们组合起来，形成一个新的产品。这就是利用创新的综合原理进行拆分组合而创造出新的产品。如先进科技成果的拆分组合、多学科技术拆分组合、传统技术与最新技术的拆分组合、自然科学与社会科学的拆分组合等。

将几种技术或是产品进行拆分组合往往能达到“1+1 > 2”的效果，能够丰富产品的功能，削减产品的不足，从而让系统将各个元素的优点汇总，生产出新的更优的产品。

电器生产商都相当重视这种设计的拆分组合。联想集团为了提升产品的设计水平高薪聘请了美国俄勒冈州皮特兰市的奇芭设计公司。而长虹电器也不甘示弱聘请了点石设计工作室用于增添其产品的吸引力。海尔集团早在 1994 年就创建了自己的设计中心，其电视、洗衣机等产品都远销世界各地，受到消费者的信赖。

6. 联想效果

事物间通常会存在一定的相关联性，通过对一个事物的了解和思考引起对另一个事物的构思，这也是产品创新思路的一种方式。就像当年耐克的创始人田径教授比尔 · 鲍尔曼在看到妻子用树脂与蜂窝式的材料结合做模子，发现所得的模子因能调节气流成为一种带有动力的气垫。因此当耐克将这种方式运用到运动鞋上时，带有气垫的 Waffle 鞋立马就轰动了世界。

7. 反向创新

对于现有的材料、资源、工具、设备等深入的研究，发掘它们的潜在能力。通过对现有的产品的材质、性能等因素进行深入研究，进行优化，发挥想象力，创造出新的产品。

8. 反面构思

事物总是存在一定的对立面，就像电池正负极一样。在现有产品的反方向挖掘下手，通过相反的功能构思新的产品。

7.3 模式创新：构筑全新生产模式与商业模式

模式的创新是指企业通过基本的逻辑思路的转变创造出更多的价值。简单来说，企业将一种新的模式带入到整个行业中去，以新的、有效的模式作为自己的一大推力，借此超越竞争者，占领更大的市场份额。

随着经济的不断发展、技术的不断进步，模式自然也不能落伍，必须利用智能化进行模式创新。互联网席卷我们的生活，很多企业通过互联网实现了巨大的飞跃，很多企业基于互联网上市成功，很多人因为这种新的模式而获得庞大的利润空间。在 IBM 的调查中，全球 20 多个行业的 765 名管理者中有三分之一将模式创新作为企业发展的首要前提上。他们表示必须发现新的、不同的模式，才能让整个行业进步。模式创新不仅仅是让企业自身大跨步前进的武器，更是整个行业前进的一大助力。

1. 生产模式创新

在生产模式的层面上来说，传统的生产模式是人机组合，人负责思考、分析、决策，机器负责日常运营生产。而现在的生产模式创新后将转变为机器自动化思考、分析、决策以及制造。生产模式的创新推动着企业的发展，生产模式创新的途径如图 7-4 所示。

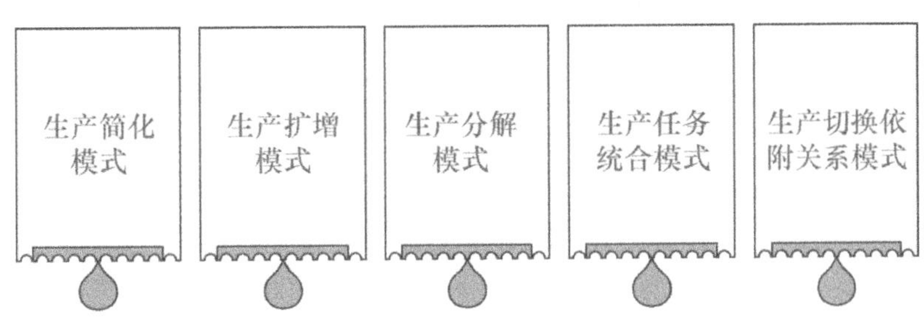

图 7-4　生产模式创新

（1）生产简化模式

当企业研制新产品的时候，经常会下意识去丰富产品的功能，让产品看起来更丰富实用。但不是功能越全面客户就越喜欢，因为功能的增加会让产品使用起来越来越复杂，有时候这种多功能所带来的弊端会超越它所带来的好处。这需要针对客户的需求进行研发。生产简化或者是浓缩的创新模式，采取的就是一种截然相反的办法。不为产品增加很多的附加值来提升产品的价值，而是将它们卸掉，特别是一些很没有必要的部件或者是功能。简化产品，简易操作，以此赢得市场。

市场上的手机琳琅满目，智能手机的功能不断增加的同时，也增加了操作的难度，这使得仅仅会打电话的老年人操作起来很困难。智能手机的市场逐渐趋于饱和，这时的老年人手机成为新兴的市场蓝海。就我国而言，就有 2 亿的 60 岁以上人群，如果每人买一台 1000 元的手机，那么这将是一个价值 2000 亿元的大市场。智能手机的市场已经打得不可开交，而老年人手机市场还处于空白，还没有一个有口碑或是品牌性的老年人手机企业。这留给手机生产企业一个广大的竞争空间。

老年人的生活单调，有智能手机往往也不会使用，通常都要在子女的帮助下才能了解一点。而老年人手机主要就在于简化手机的各种功能，并且让屏幕、字号最大化以适应老年人的需求，并且价格也是老年人更乐意接受的价格。如今老年人也不仅仅局限于用手机打电话，享受手机智能化成为老年消费者真正的需要。而老年人的理解能力、思考能力相对年轻人较差，这就要求老年人手机的设计必须是简单易懂。

“21 克”手机是诞生于深圳科技园的小公司，逐渐发展成为小米生态链成员，成为老年人手机市场的翘楚。它拒绝山寨机，一心想要打造出独树一帜的老年人智能手机。它将一些不必要的、繁琐的功能削减下去，用简单的操作代替复杂的操作。采用简单清爽的界面，适合老年人的上下翻页习惯、增大音量。并且针对一些常用的软件进行二次优化，再加上“美丽”的价格，主打“爹妈市场”使得其手机一经推出，就引起不小的市场反响，线上线下的关注度都很高。

“21 克”手机从庞大的智能手机中脱颖而出，占领老年人手机市场，依靠的就是生产简化的创新模式。让界面简单化、操作简单化，针对老年人市场，减少没有很大需求的功能，让产品更适合老年人使用。这样的生产简化模式帮助企业在市场中占有一定的地位，也让“21 克”企业成为小米投资的唯一手机同行。

（2）生产扩增模式

生产扩增模式并非生产简化模式的对立面，但是它们还是有着很大的区别。生产扩增模式不是将产品的某一方面切除，而是将产品的部件进行复制，并对这些复制品进行变动。希望通过量变的方式达到质变的效果。

（3）生产分解模式

生产分解模式是将现有的产品分解成一个个零部件。这个时候企业就能从每一个小的角度看待整体，而这种角度的改变也许就能让企业发现意想不到的创新思路，当重组这些部件或是直接将这些部件分解时，反而带来意想不到的好处。而分解的方式也并非一种，可以按照产品物理部分分解、按照不同功能分解、按照能够单独作为个体的部分进行保留和分解等。

（4）生产任务统合模式

生产任务统合模式就是给产品或者使其使用的环境增加一种新的任务，将两项或多项任务集中于一个部分中。这将使一个封闭的系统中的部件“身兼多职”，使得一个部件能够同时做多件事。

随着手机逐渐趋于大屏化，手机 CPU、内存、GPU 等硬件功能越来越强大，在手机屏幕上只运行一个程序，显然有些性能过剩，客户的需求也就发生了变化。当 4.0 寸的屏幕升级到 6.4 寸大屏，分屏的需求越来越大。分屏是指在屏幕上同时操作两个或是多个软件。就像电脑的多个窗口并排显示一样，能够同时操作。原来的后台操作已经不能满足用户的新需求了，分屏的介入能够让我们边看视频边聊天，不需要退出任何一项。因此，三星、华为、步步高等手机厂商纷纷献上自己的任务统合的创新模式，满足客户的新需求，用以得到更大的市场占有率。

分屏手机受到很多用户的喜爱，这一切都要归功于生产任务综合模式的创新。实现一个部件的多种功能，从而增加用户的体验感，赢得用户的喜爱。这些手机厂商通过这种产品模式创新，发现新的功能、新的需求，最终实现产品的成功。

（5）生产切换依附关系模式

生产切换依附关系模式是指牵涉到一个产品的属性和它的直接环境的属性之间的依附关系。例如，有些产品的属性（如颜色）和环境属性（如使用者的性别）有密切的依附关系。在另一些例子中（如产品的颜色和使用者的年龄），这种依附关系则很弱，甚至不存在。你可以激发创新思维，试图创造新的依附关系，或者调整、解除已有的依附关系。

2. 商业模式创新

商业模式起源于 20 世纪 90 年代，随着互联网的普及与应用，商业模式创新能够带来更具战略性的竞争优势。商业模式的核心就是价值创造，如何在一定的价值链上提供更优质的产品和服务，成为商业模式创新的驱动力。

商业模式是一个总的系统，是由不同的组成部分、各部分间连接关系以及系统的动力机制三方面组成的。商业模式创新的核心是让企业以最有效的方式获得利益。商业模式的创新主要是在内部基础、产品、收益、市场等方面下功夫，寻找创新的机遇。

相对于传统模式，商业模式创新具有以下特点。

（1）**商业模式更多地从客户的角度出发，从需求这个根本问题上思考企业的生产研发行为，视野集中于外在市场**。商业模式创新以解决客户问题为出发点，为产品增加价值。因此，如何了解客户的多方位需求就成为重中之重。这不同于技术的创新，是完全按需生产。可能会涉及技术、经济等其他方面的因素，却不会是完全的技术支持。在产品问世前就找到它的市场定位，发现潜在的市场。

（2）**商业模式的创新，改变的是一个整体，而并非单一的个体**。它的创新改变常常会牵动企业的多根“神经”，涉及商业模式的多种要素，并且通常是一种较大的战略性变革。商业模式的创新是一种集成创新，它的创新总会伴随产品、技术、工艺等的创新进行。如今服务成为企业不可或缺的主导因素，那么商业模式的创新也常常会表现在服务创新上，即改变服务方式、服务内容等。

（3）**从绩效表现看，商业模式创新如果提供全新的产品或服务**，那么它可能开创了一个全新的可盈利产业领域，即便提供已有的产品或服务，也更能给企业带来更持久的盈利能力与更大的竞争优势。传统的创新形态，能带来企业局部内部效率的提高、成本降低，而且它容易被其他企业在较短时期模仿。商业模式创新，虽然也表现为企业效率提高、成本降低，由于它更为系统和根本，涉及多个要素的同时变化，因此，它也更难以被竞争者模仿，常给企业带来战略性的竞争优势，而且优势常可以持续数年。

7.4 业态创新：加速重构产业价值链体系

业态创新是指企业在业态发展过程中，用新方式、新技术等代替传统的经营方式，并以此创造出不同风格、不同形式的业态去满足客户的需求。

业态创新是历史发展的必然结果。随着经济的不断发展，传统的价值链体系已经不能满足客户的需求了，高新技术将逐渐与传统服务相融合。

1. 业态创新的前世今生

业态创新有两种途径，一种是通过价值链的分解去产生新的业态，另一种就是通过产业的融合产生出新的业态。

传统的业态模式是企业的经营涵盖整条价值链。从产品最开始的研发设计到最终的销售服务，包括人力资源、财务管理、法律事务等各个环节。企业专业化分工越来越明显，最终使得企业的某一个环节独立出来形成一个新的业态。例如，在一个“一条龙”系统的价值链中，从最初的研发设计环节中分解成独立的企业，从产品的物流中分解出独立的第三方物流，从售后服务环节中分解成独立的专业售后公司，等等。

在经济的高速发展之下，产业融合也成为业态创新的一种途径。传统服务业进行升级改造，利用“技术 + 服务”的方式进行高度的融合。就像传统的零售企业，如今大都投入到电子商务中去，通过互联网等高新技术实现业态创新。

2. 业态创新的意义

与高新区的发展关系更密切的业态创新主要是研发业态创新和高技术服务业的业态创新，这些业态的创新对于产业的发展具有重要的作用和意义，如图 7-5 所示。

业态创新能够引领产业创新

研发新业态的发展使研发更适应市场需求，也是重要的新经济现象之一

高技术服务业的业态创新将提升传统产业并成为新经济中的强劲增长点

图 7-5　业态创新的意义

（1）业态创新能够引领产业创新

业态创新主要集中于企业的研发阶段，这是产品价值链的高端环节，有着牵一发而动全身的效果。因此业态创新能够直接形象到产业的发展状态，并且对于产业创新有推动和引领的作用。在研发环节，专业的研发能加快新产品、新技术的出现，也促进关联性的创新；研发新业态能充分利用高技术园区的研发资源，使企业的研发成本降低；带有平台性质的独立研发机构为全行业提供服务，总之，研发新业态能使整个行业得到提升。

（2）研发新业态是以市场需求为目标的

在新的时代经济条件下，新技术、新产品的研发已经改变了过去遵循的“基础研究—应用研究—试验发展”的单一路线，这种改变在发达国家已经证明是可行的。消费者需求的变化，直接使市场对研发机构提出相应的要求。我国在技术创新性上与发达国家还有差距，然而高新技术开发区的建立使研发企业对市场的变化更加敏感，能够直接与客户对接，根据客户的需求进行研发。

以北京中关村为核心的区域内集中了我国近 1/3 的生物医药 CRO（委托研发）资源，其中德众万全公司是国内第一家 CRO 上市公司。德众万全公司于 1999 年成立，主要业务是为客户提供国际水准的医药临床研究、

临床前药效药理毒理研究等全方位委托研发服务。2003 年，成立仅 4 年的德众万全在香港成功上市。截至 2005 年 6 月，已经完成了 400 多个国家级新药的临床前研究，申报国内外专利 60 多项，其中有 30%左右是发明专利，获批国内 2 个国家级一类新药，开展了 6 个创新药物临床前研究工作。同时，公司获发临床研究许可证总数累计 197 张，生产许可证总数累计 53 张。至此，德众万全已经成为了国内 CRO 企业的“领头羊”。

（3）高技术服务业的业态创新将提升传统产业，并成为新经济中的强劲增长点

经济的增长依靠创新，创新包括制度创新和技术创新。从全球的经济发展史来看，每一次重大的创新都会产生全新的商业模式和服务模式。互联网的普及改变了人们生活的方方面面，也改变了传统的商业模式和服务模式，颠覆了传统的买卖方式、购物方式和服务方式，并产生了巨大的经济效益。移动网络的兴起，又将掀起一场巨大的变革，这场变革正在进行中，各大互联网巨头都在布局移动网络，这次变革又将是经济的一个强劲增长点。

没有一成不变的东西，一次重大创新也必将使经济活动发生重大改变，从而也使企业的价值链发生变化。企业的价值链也是在不断的分解重构之中，因为创新必定会使一些企业崛起，一些企业淘汰。崛起的企业必须构建自己的价值链，而淘汰的企业会从企业原有的价值链中消失。所以，业态创新，必定加速重构产业价值链体系。

7.5 组织创新：进行业务流程重组与企业组织再造

世间万物都在不断的变化之中，不变的永远是“变化”。组织机构也是一样，无论当初的设计再合理，随着时代的变化和外部环境条件的变化，它都会有不再适用的时候，所以必须要对它进行不断的调整和变革。因此，在时代发展、经济形势改变的情形下，要应用科学的知识和方法，对业务流程和企业组织进行调整和变革，从而提高组织的活动效率。这就是组织创新。

组织创新包括两个方面，一个是业务流程重组，一个企业组织再造。业务流程重组是 20 世纪 90 年代美国的 Michael Hammer 和 James Champy 最早提出的管理思想。它以业务流程为改造对象，是利用先进的技术对现有的业务流程进行的再思考、再设计，使之提高工作效率，节约人力或生产成本，并使企业在质量、服务和速度方面得到改善。美国的福特汽车公司应付账款部门的业务流程重组使费用大大降低就是一个经典的案例。

20 世纪 80 年代，美国的福特汽车受到日本的汽车的挑战，为了降低成本，福特公司想方设法降低管理费用和各种行政开支。那时福特公司的应付账款部有 500 多名员工，负责审核并签发供应商供货账单的应付款项。按照传统观念，这么大的公司，业务量又如此大，应付账款部有这么多员工也是合情合理的。

当时有人提出使用电脑设备，实现一定程度的自动化提高效率。真正使福特公司决定要改变的原因是来自日本马自达公司的影响。日本马自达公司的应付账款部门只有 5 名职员。在这种情况下，福特公司的总经理再也坐不住了，他认识到，应付账款本身不是一个流程，但采购却是一个业务流程，如果进行业务重组就会改变应付账款部的工作和应付账款部本身。

福特公司进行业务重组之后，使应付账款部减少到 125 人，是原来的 25%，为福特公司的应付账款部节约了 75% 的人力资源。

福特公司的这一业务重组减少了应付账款部门的业务流程，提高了效率，并且还能为福特公司节约了大量的经费。像这样通过业务流程重组，提高生产率、降低成本的例子还有很多。例如，IBM 信用卡公司通过业务流程重组，使信用卡发放周期由原来的 7 天缩减到 4 个小时，使效率提高了 100 倍。

企业的业务流程，看似合理，运行也正常，但存在很大的改进空间。人都有一种习惯思维，只要存在的就认为是合理的，不愿去做出改变。但是创新是无止境的，只有肯思考，多观察，多了解，肯定能找到更好的方法。但是，业务流程的重组也不是头脑发热、盲目行动，它要遵循以下原则。

（1）进行业务重组必须以企业的目标为导向；

（2）给执行者授权，让其有决策权力；

（3）企业的高层领导要参与和支持；

（4）要选择合适的流程进行重组，不能胡乱重组；

（5）要给相关的部门和个人做好沟通协调。

企业组织再造就是改变企业原有的组织模式，利用先进的信息技术手段和管理理念，重新构建符合时代需求的组织模式。企业组织创新，就是要改变企业内部层级式的组织结构，建立供应链组织和虚拟组织。企业之所以要进行组织再造，是因为原来的企业组织结构已经不适应时代的发展，只有组织再造才能使企业焕发青春。

国内某企业是制造型企业，年销售额约 3 亿元。随着时代和经济环境的变化，企业决定进行企业组织再造，以提升企业的竞争力。

它们的主要措施是，将企业原来的 8 个部门划分为 30 个部门，并设立 30 个部门经理，另加 6 个总监分管 30 个部门经理。所有员工按照个人特长和部门需要进行细分。

变革后看似企业部门增多了，但是却符合组织扁平化的要求，整个组织的组织层次只有公司、部门、班组三层。这次组织再造的最大特点就是将管理与操作分开，监督与管理、执行分开，有助于各部门把工作做深做细。

这个企业经过组织再造后，由于部门细化，责任明确，公司营业额比原来增加了 40%，公司利润则增加了约 60%。

企业进行组织再造一般是因为企业业绩下滑、组织机构运行不畅、员工士气不高等。如果企业不抓住机会进行组织再造，那么将丧失在市场上的竞争力。所以，作为企业领导者，在企业出现问题时，应及时对组织诊断，判断出现问题的原因，再决定是否进行企业组织机构的重新构建。

业务流程重组是我国企业组织创新的主流模式，业务流程是企业为了达到一定目标而进行的一系列活动的总和，而业务流程重组就是对业务流程进行的根本变革，是一种进步，体现了企业家精神和企业的战略导向。企业组织再造，改变工业时代的企业组织模式，使之适应互联网时代发展的要求。在互联网时代，原有的组织模式已经落后了，必须经过组织创新才能适应时代的发展。

4

下篇 企业精细化生产运营

第8章 企业如何构建精细化体系

我国著名精细化管理专家汪中求先生认为："精细化是我国企业必须迈过的一道坎，不管是何种行业，不论是哪家企业，离开了精细化，要想在日趋激烈的国际化竞争中立于不败之地，无异于缘木求鱼。"

8.1 企业运营低效的 5 个特征

在企业的生产运营中，总有很多东西牵绊企业前进的步伐，造成企业的低效运营。同样的成本却带不来同样的收益，让企业不断走下坡路，这是非常可怕的。因此了解企业运营低效的特征，如图 8-1 所示，及早发现，及早治疗是非常有必要的。

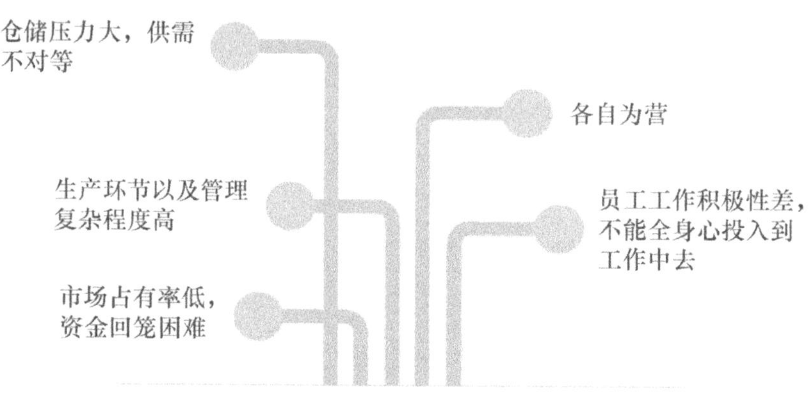

图 8-1 企业运营低效的特征

1. 低效特征一：市场占有率低，资金回笼困难

企业在没有了解清楚市场的前提下贸然把新产品推向市场，很有可能不被市场接受，从而导致产品在销售环节出现困难，资金不能回笼，影响到企业下一步的发展，甚至可能直接将企业拖垮。

市场是检验产品的一大法宝，也同样是检验企业的高效与否的一个法宝。当企业生产的产品需求量过低，无法立足于市场，无法盈利，那必然是企业低效运营导致的。一个优秀的企业必须能够把控住市场，才能让产品有路可销，让企业有路可发展。

对策：精细化理念——客户即为“上帝”

所有的产品、服务最终要面向的一定是客户。精细化的管理理念就是将客户的想法、需求等放到产品的开发、生产到销售的整个过程中。真正为“上帝”服务，取得客户的认可，才能让企业有一定的市场占有率和长足的发展空间。

2. 低效特征二：员工工作积极性差，不能全身心投入到工作中

员工是企业生产经营之本，如果员工工作提不上劲儿，整日里工作都不顺心，那么拿什么去保障产品的质量、管理的质量呢？并且员工的素质也是决定产品价值的很重要的一方面。在这个智能化不断发展的社会，对于创新的需求越来越多，如创新的技术、创新的产品、创新的服务。这些都需要高素质的员工不断发挥自己的能力。

员工是推动企业发展的关键，没有优秀的员工就没有优秀的产品和技术，更别提市场占有率了。因此，必须要提升员工的综合素质以及工作的积极性，不仅要保障客户的黏度，还要保障员工的黏度。

对策：精细化理念——以人为本

精细化运营要求把员工放在首位，以人为本，充分发挥员工的智慧。提升员工的创新能力和能动性才能让生产运营更具优势，生产出更适合市场需求、质量更高的产品。这就要求企业管理层分散权力，将权力下放到每一个

员工的身上，这样能够促进员工更为积极地工作，更为主动地利用自己的聪明才智为公司增光添彩。定期为员工安排培训也是很有必要的，有助于提升员工的知识、素质、能力，将这些全面投入于工作，更利于企业的生产运营。

3. 低效特征三：生产环节以及管理复杂程度高

很多企业为了追求产品功能的多样化，本着为产品增光添彩的心愿，不断增加产品的附加值以及产品的生产环节。但是很多时候不是所有的附加值都能体现其价值，也不是所有环节都能产生一定的作用。当生产环节以及管理复杂难度增高，必然会耗费更大的精力、成本于其中。若是能化繁为简，岂不乐哉？

对策：精细化理念——精简生产管理

精细化生产运营主要在于一个“精”。让整个企业的生产运营精简化，是企业实现精细化生产的一个必要手段。企业可以采用柔性的生产设备，简化多余的员工，以及重复性或没有必要的生产环节，实现整体结构的精简化。一方面能够减少成本的投入；另一方面也让生产更为简单，出现问题等更易于处理。

4. 低效特征四：各自为营

每一个产品的研发到售后服务都要经历许多环节。但是很多时候各个环节间不能融合，各个环节仅做好自己分内的事情，却忘记了合作交流。这就好比一辆轿车的玻璃是世界级的，方向盘也是高水准的，座椅也是智能化的，但是它们却不配套。当把这些好的零部件硬组成一个完整的轿车，那么开起来就会是七零八落。其他的产品亦是如此。若是各个生产环节各自为营，那么“1+1 ＜ 2”，就成为各个环节生产的必然结果。

对策：精细化理念——团队协作

精细化生产运营是一项团队合作的工作。通过并行生产环节，缩减生产员工实现精细化。这就需要员工之间必须更好地配合，各个环节的员工能够互相协作，缩短生产运营的时间，却能不降低产品的质量。

5. 低效特征五：仓储压力大，供需不对等

大部分的传统企业还处于批量生产阶段。以前商品的匮乏让产量成为企

业成功与否的标准，而现在由于商品的膨胀性，生产市场出现饱和，市场逐渐由卖方市场转变为了买方市场。面对这种新市场，若还是采用传统的生产经营方式生产，产品过多，供大于需的结果必将使仓储压力增加。产品只产不销，会严重影响到企业的生存和发展。

对策：精细化理念——供需有序

精细化生产能够起到调节市场供需的作用，能够很大程度上减少库存积压和资金周转差的状况。这主要在于供需双方建立起合作共赢的良好关系，需要用精细化生产运营的理念整合市场资源，将供需配上对，才能确保产品的供需均衡，以及企业的稳定性。

8.2 价值流改进：行政流程 VS 操作流程

价值流是指在产品从最初的原材料到最终的成品之间不断增添价值的活动。供应商、企业、客户之间的整个活动过程都是价值流的一部分，当然也包括企业与供应商、客户之间的信息交流。价值流往往包括增值和非增值活动，但是不是每一个环节都能够产生增值作用的。如供应链成员间的沟通、物料的运输、生产计划的制定和安排，以及从原材料到产品的物质转换过程等。

1. **价值流特点**（图 8–2）

图 8-2　价值流特点

（1）**隐蔽性**，价值流是在整个供应链的运作过程中，需要有关人员去挖掘；

（2）**连续性**，价值流是在供应链上连续不断地出现的；

（3）**周期性**，产品有其生存周期和生命周期，产品的生产、销售随着季节不同有其周期性，体现出了价值流运作的周期性。

2. 价值流改进步骤

第一，分析判断不同的价值流，例如，需求创造价值流、新产品和新业务发展价值流，以及订单处理价值流。

第二，要明确哪些指标对实现公司主要战略有帮助，列出要考核的相关指标。让公司识别价值流层面的关键指标，并规定这些指标的考核频率。

第三，对企业组织进行重新构建，根据价值流组织、管理、考核员工。

第四，对会计账目进行改造，使之从传统部门成本变为价值流成本，明确区分人工成本和经营管理成本。

第五，这时的价值流成本，已经使成本差异分析报告在改进经营上失去了意义。员工要对自己的工作情况及时报告，以便公司对生产流程进行跟踪改进。

第六，要把材料成本单列出来，不与其他存货加工成本相混淆，并用简要的信息反映存货采购的情况，要求实现价值流的员工每周报告一次。

3. 行政流程对比操作流程

对于单一的流程来说，其节点主要包含两类：一类是专业类节点，比如下订单、编制方案等，另外一类是管控类节点，如审核、审批等。这两类节点共同组成了一个完整的流程，使得业务在运行的过程中就能够被管控，并且相关信息在过程中被使用和积累。

绝大多数人对流程的理解就是一件事情怎么做的，也就是按照事件来设置流程，没有上升到对流程的规划管理层面。例如，一类事件走一个流程，不是一个事件走一个流程；设置一个简单的流程结构来支持复杂多样、多变的业务，而不是时时打补丁。

什么是流程？什么不是流程？关键是要看是否需要用流程的方式进行管理。也就是说流程，具体一个企业应该被管理的流程，这个企业目前可以被管理的流程，这三者之间有着巨大的区别，谈流程不能脱离企业环境，不同企业里谈的流程概念是不同的。例如，传统的制造业有很多工艺“流程”，一些服务业的话术和类似收银等环节，其实步骤很多，这样的“流程”是不是流程？如果是流程的话如何管理？不当成流程的话如何管理？情况有很大的不同。

流程不是一个企业管理的全部，回到上面的问题，如果是流程就要按照流程管理的方式进行，要有管控的节点、产出和数据跟进等。但不用流程的方式管理也是可以的，用制度、手册等都可以。只是不同的业务有不同的特点，根据特点的不同，结合企业自身的管理环境来选择用什么方法进行管理，流程仅仅是其中的一种。

8.3　公司利润流程：赚钱 VS 省钱

公司的利润通常来自来两个方面：一个是增加产品附加值、增大市场占有率以增加收入，即“赚钱”；另一个是通过成本的节省、生产环节的简化减少支出，即“省钱”，如图 8-3 所示。公司的利润公式基本是“利润 = 收入 - 成本”。

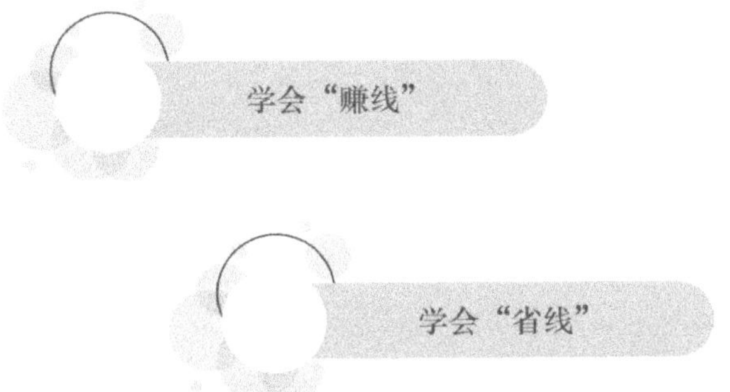

图 8-3　企业利润来源

1. 学会“赚钱”

企业的收入决定着企业发展的大方向。提高收入是增加利润的一大影响因素，这个增利在很多环节都能够实现，但同时也不容易实现。一个产品已经以固定的规格、固定的形式出现在市场中，那么要想在它上面压榨出更多的利润空间就更不容易。因为，这势必会影响到产品的方方面面。

2. 量变影响质变

让企业“赚钱”最简单的方式无非就是扩大产品的销售量。销售量上去了，利润自然也就上去了。这就需要在以下 3 方面进行改进优化。

本着以客户为中心的理念，**首先，应该做的就是增加客户的数量**。在其他条件不变的情况不断开发新客户、拜访老客户，拉近与客户的关系能够为销售量的增长贡献很大的力量。

其次，增加客户消费的频率也是提升销量的一大法宝。客户一年买一次，要想办法让客户半年买一次，甚至一个月买一次。这需要跟老客户保持好关系，并且对于产品的新功能、新优惠，又或是新的产品，都能让老客户及时了解到新的产品动态。最常见的方式就是电话回访，一方面能够了解到客户在使用产品中出现的问题以便更优化产品本身；另一方面也可以借机向客户推荐更适合客户的产品。加强与老客户之间的联系是非常有必要的，节假日的短信问候及生日时的祝福都是必须要做的。

最后，增加销售量的方法就是“简单粗暴式”地增加客户单次购买产品的金额。

在超市超过一定的购物金额能够进行加钱换购的方式，既让消费者着得到了实惠，也让销售量激增。消费者为了凑够这个金额标准可能会多买几件商品，并且再用换购的形式又多买件商品，就能通过这种消费模式

增加客户的单次消费金额。又或者很多外卖会有满一定金额减一定金额的优惠，并且订餐金额越大优惠越大。这就导致在一个公司上班的同事会集体订一家餐馆的饭菜。餐馆不但能够减少配送的压力，还能获得一笔大单。

3. 质变直接影响企业收入

市场上的产品琳琅满目，一个品种的产品总面临着好几种，甚至好几十种的竞品的挑战。这个时候想要在众多竞争对手中脱颖而出，就必须树立自己独有的优势。

价格战是商业常见的竞争方式。同样质量的产品，大家总是愿意去购买价格更低、性价比更高的，因此让利给客户是一种简单直接改变企业收入的方式。但是价格战容易陷入一种恶性循环的竞争。当你降低价格、他降低价格、大家都降低价格之后就形成了一个价格战的恶性竞争。这个竞争中的企业都不会有很高的收入。这就要求我们在进行价格调控的时候把握一个度，不能“打压过狠”。

创新永远是推动企业进步的好帮手，也同样能够带来更好的收入。从技术、产品、服务、管理等方面进行创新。发现更加便捷智能的技术、更加新颖适合市场需求的产品、更加周到的服务、更加优质无缝式的管理，这些都需要创新作为支撑。一个更为实用、更有新意的产品往往会受到客户的喜爱，为企业带来一笔大收入。

另外，容易被忽略的就是服务，但是**服务是企业生产运营中不可忽略的一环**。就像马云说的那样：“成功始于口碑，服务决定未来。”

一个企业要想在行业中脱颖而出，眼睛只盯着竞争对手是不行的，眼光应该最大程度上放在客户身上，了解客户的多元化需求，保障客户的利益。这样才能得到客户的拥护，企业才能广纳财源。

随着产品逐渐走向个性化，服务也逐渐开始撼动起产品的地位。现在购买一个产品往往不是仅仅只为产品，通常也是购买一种服务。客户可以通过企业的服务质量，更深层次地了解企业文化。服务是企业的一张信誉牌，打得一手好牌才能让企业的收入源源不断。

广东华红集团能够突出重围成为省龙头企业，服务意识的作用成为华红集团的一个亮点。华红团队把使命定义为“为人类提供绿色安全食品”，并且坚持“服务他人，成就自我”这样的服务意识，正是这种注重服务的企业文化，才使得华红集团的发展顺风顺水。

在国外服务中付小费是一件再正常不过的事情，而大多中国人目前还不是很接受服务需要给小费的情况。“很久以前”是一家知名的连锁餐饮店，它就实行了一种全新服务模式——“打赏”，这被餐饮业界讨论得如火如荼。“很久以前”创始人宋吉认为，通过打赏的这种方式能够重新构建企业、员工、消费者之间的关系，从而与传统的餐饮企业的服务区别开来，增加消费者的对企业的忠诚度。在“2015 掌柜榜样力量 • 中国餐饮创新者峰会”上宋吉正式向大家阐述了“很久以前”全新的打赏制度，吸引了无数餐饮企业的目光。

对比国外的小费制度，打赏高了一个层次。既简单方便，又没有所谓的“铜臭味”。“很久以前”主要是采取给全体员工佩戴有二维码支付的胸牌，这样消费者在吃饭的时候，想要打赏自己满意的服务员的时候，拿起手机，扫一下自己满意的服务员胸口二维码，4.56 元就支付成功。这 4.56 元也是有讲究的。“很久以前”采用“自动分账”这种方式，将打赏分配给不同的人。“4”归服务员，“5”归店长，“6”归总监。这样打赏就不仅仅是打赏服务人员，管理人员也一并受到了打赏。不仅仅是服务人员更添动力，店长、总监的管理也会因为打赏而更加规范化，服务质量能够得到直线提升，企业收入自然也就随着服务的提升而提升高度。

打赏制度是一个“三赢”的经营模式。这三方分别是消费者、服务人员以及企业自身。当然转变新模式的最大受益方，依旧是企业自身。

对消费者而言，消费者享受热情服务，成功当了一回“老板”，一顿饭得到更好的服务，吃得更舒心。有了直接的利益关系，服务员自然有十二分热情，而客人的满意度也是直线飙升，使服务发生了质的变化。而企业也能因此增加消费者的忠诚度，获取更大的营业收入。

对于服务人员来说，得到打赏是一种精神层面的肯定以及物质方面的激励。这能够激发服务员持久的发自内心的热情服务。提升企业整体的服务水平，从而吸引到更多的消费者光临，为企业增添更多的收入。

对于企业本身来说，打赏是消费者自发性地鼓励员工的行为，企业不需要投入过多的资金，并且一定程度上还能缓解企业给员工支付奖金薪资的压力。这种方式能够激发员工提供更优质的服务，何乐而不为呢？

随着经济的蓬勃发展，企业之间的竞争越发地激烈。企业如何才能在如此激烈的市场中立于不败之地呢？这除了高质量的产品外，还需要高水平的服务质量以及服务精神。强化服务意识成为企业之间竞争的重要手段，能够推动企业增收增利，并且提升服务质量不需要投入过多的资金，而是建立标准的制度，并用企业文化去影响和带动员工的素质和服务意识。服务质量过硬能够帮助企业树立良好的企业形象。这种通过服务来营销的方式，客户更愿意去“买账”，企业也能增添更多的资金流入。

4. 学会“省钱”

产品生产成本主要是由材料费用、人工费用、制造费用三项组成。当人工费用增添了、原材料成本增加了、制造费用增加了，这些成本的上涨都会直接影响到利润的变化。

以下是降低成本的 5 个方式。

方式一　降低管理智能性费用的支出

在降低成本的开始阶段要简化管理，减少中层管理人员。由高层的管理部门直接负责日常的生产运营，并根据员工的要求将职能性费用降到最低。

方式二　利用智能化的生产设备减少原材料的浪费，实现资源利用最大化

这同样是降低成本的好方法。不仅利于企业当下生产费用的节省，更利于行业的可持续性发展。

例如，Interface 公司在 1994 年集中力量开发了一个可持续战略。这个战略已经帮助公司降低资源的使用量，并降低了成本，提高了盈利能力。据估计，Interface 矿物燃料的使用量降低了 60%，用水量降低 62%，并且自从实施可持续发展计划，公司收益翻了一倍。

方式三　价格影响销量的一大因素

因此企业应学会权衡利弊，在销量与价格之间实现产品的利润最大化。适当的时候要懂得让利于客户以赢得客户对于产品的喜爱，从而使销售成本最小化。

方式四　减少企业运营各环节之间的浪费

主要在于与合作伙伴高度互联协作，对供应商、客户进行成本分析，去除中间不必要或者是重复的环节。通过减少企业间的重复性操作，提升效率、提升服务品质，减少总成本的支出。

方式五　把控市场动向，准确了解产品的市场预期

根据这些预期值与客户的需求制定更为准确的生产计划。按需生产不但能够减少浪费，还能减少库存压力以及资金运转压力。

8.4　由粗放至精细导航

企业精细化就是由粗放转变为精细的过程。精益化管理的“益”是什么？

益就是有用，有效。强调投入一定的人、财、物为促进企业的发展，能不能产生应该有的效果、效益？如果不能产生这样的效果、效益，那就是一种浪费。所以，如何避免这种不能产生效果和效益的投入的发生，这就是精益化管理的核心内容，如图 8-4 所示。

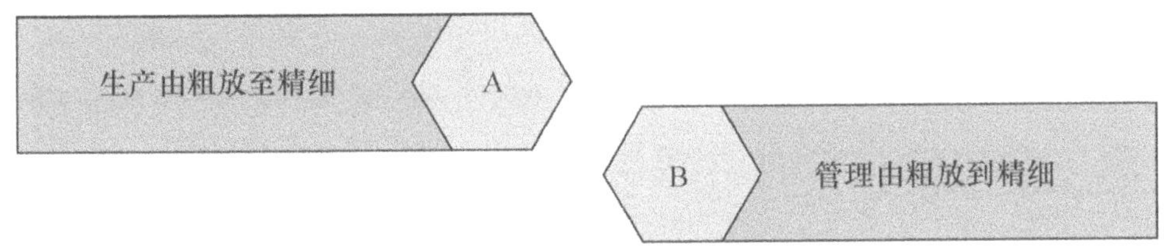

图 8-4 精益化管理

1. 生产由粗放至精细

生产精细化的一个标志就是个性化定制代替大批量生产。由于经济、需求的不断发展和变化，生产模式也需要进行对应的转变，大批量生产往往是基于几个方面进行的。首先是市场，在物资缺乏时，客户的选择空间小，甚至是没有选择，市场呈现需大于供的现象，只能依靠大批量的生产才能满足庞大的需求。其次，消费者的需求还没有那么精细，就好比十多年前手机刚刚走入我们的生活，能够打电话、发短信就已经让人们感到惊奇。而现在消费者购买手机基本都会考虑价格、外观、系统、像素、屏幕尺寸等一系列的因素，消费者追求优质的体验并期待较高的性价比。

随着产品市场日趋饱和，卖方市场转变为买方市场。消费者的选择自主性不断增大，企业需要不断用产品质量、服务水平等吸引住消费者。这种竞争促进企业不断创新，就发展出如今的个性化定制生产。个性化定制生产主要是针对客户需求，研究针对个人或者是小群体最适应的产品。产品的研发阶段就制定了目标消费群，有针对性地销售。有需求才去生产，能够减少库房压力、资金流动压力等问题。

2. 管理由粗放到精细

粗放管理是指不计成本与效率（效益）的粗疏、不细致的管理方式。这种粗放的管理方式导致企业的生产效率、产品质量和服务水平都较为低下。精细化管理就是落实管理责任，将管理责任具体化、明确化，并且要求管理者尽职尽责地把工作做到位。

我国改革开放初期成立的企业，由于市场机会多，企业在粗放管理方式下依然运转良好，有很好的盈利水平。但是随着企业的增多、同类产品竞争加剧，以及市场经济体制的逐步确立和完善，粗放型的管理方式已经不再适应激烈的市场竞争，这就要求企业在管理方式上由粗放化向精细化转变。

在 20 世纪 90 年代，有一家生产防火板的企业，当时国内生产这种产品的厂家很少，这家企业能保持很高的利润。由于市场大，市场上基本没什么竞争对手，这家企业管理方式也是粗放型的。然而，随着同类企业的增多，市场竞争陡然急剧起来。这家企业粗放管理的劣势就暴露出来了。

该企业的粗放管理，导致企业采购设备和原材料都比市场价高，并且在生产中管理不严，跑、冒、滴、漏现象严重，也导致产品合格率只有 80%。市场的竞争激烈，产品的利润大幅降低，使这家企业在 2002 年亏损将近千万元。

面对这种情况，这家企业的领导经过查找原因和反思，认为企业还是有竞争优势的，问题还是出在管理上，要向管理要效益。该企业聘请业内的专家对企业的管理流程进行改造，专家首先从采购做起，让所有管理者带头堵塞跑、冒、滴、漏，直接从原产地进货，这一项就为企业节省了几百万元；并实行工资与绩效挂钩，大幅提高了产品的合格率；推行用料考核制度，节省原料；对工人进行培训，提高技术水平等。

这家企业从节约一滴水、一张纸做起，从设备最大化利用做起，实现增收节支。经过这一系列精细化管理改革，这家企业在两年内实现增收1000多万元。这家企业的领导说："企业管理粗放，再高的利润也会变成无利可图，甚至亏损；精细管理，就是利润微薄也能创造效益。"

管理出效益，一家企业经营的好坏，管理是很重要的原因。无论企业采用什么样的管理模式，目的都是为了盈利，给企业带来价值。从上面这个案例可以窥一斑，精细管理才能给企业带来效益。古人说"天下大事必做于细"，企业管理也必须做于细，精细管理是企业发展的趋势，所以企业要从粗放式管理转向精细化管理。

8.5 构建五大模型

BPR、JIT、SCM、TCM、VSM 是 5 种主要的模型构建方式，能够帮助我们快速构建优质的模型。

1. BPR

BPR 是英文（Business Process Reengineering）的缩写，中文译为业务流程重组、企业流程再造，是由 20 世纪美国麻省理工学院（MIT）的计算机教授迈克尔 · 哈默（Michael Hammer）和 CSC 管理顾问公司董事长钱皮（James Champy）提出的。他们给 BPR 下的定义是："为了飞跃性地改善成本、质量、服务、速度等现代企业的主要运营基础，必须对工作流程进行根本性的重新思考并彻底改革。"BPR 的基础思路就是对传统的工作方式进行彻底改变，就是要改变那种按照分工原则把一项完整的工作分成不同部分、由各自相对独立的部门依次进行工作的工作方式。

随着经济进入互联时代，工业进入 4.0 时代，在经济全球化、市场国际化、信息化的冲击下，传统的企业组织模式已经不适应新时代经济的发展。企业要提高市场竞争力，必须要进行 BPR 变革。那么，企业如何构建 BPR 模型呢？

BPR 模型的构建要遵循以下原则：**一是以企业的业务流程为中心；二是团队建设要以人为本；三是以顾客的价值为标准**。BPR 的构建方法有两点：一是重新设计法，就是根据经济环境和顾客价值重新设计业务流程，这种方法的优点是彻底改变原则的业务流程，开启一个全新的模式，缺点就是风险高，对企业的运营干扰大，是否采用这种方法就要权衡利弊了；二是逐步改造，渐进式地优化业务流程。这种方法的优点对企业正常运营干扰小，缺点是摆脱不了原有的流程。BPR 模型的建立以提高企业的效益为目的，具体采用哪种方法要根据企业自身的实际情况决定。

2. JIT

JIT 的意思是准时制生产方式，是英文“Just In Time”的简称。这种生产方式的优点就是能减少库存，缩短工时，降低成本，提高生产效率。日本的的丰田公司最早采用这种生产方式，所以也被称为“丰田生产方式”。

“二战”后，日本模仿美国的汽车生产方式，虽然美国的方式很先进，但是丰田汽车公司副总裁大野耐一等认为，战后日本的国内环境、劳动力和资金情况，不能全照搬美国的方式，需要采用一种更灵活、更适应市场、更有竞争力的方式。在这种历史背景下，大野耐一综合了单件生产和批量生产的特点和优点，创造了一种在多品种、小批量混合生产条件下，高质量、低消耗的生产方式，即准时生产方式。这种生产方式，提高了生产效率，使日本的汽车工业插上了腾飞的翅膀。

JIT 生产方式是将盈利作为企业经营的最终目标，将成本降低作为基本目标。这种生产方式避免了大批量生产导致的库存积压，浪费资源。在传统服装产业低迷的情形下，青岛一家服装厂在 2014 年以零库存实现 150% 的业绩增长。这家工厂就是在准时制生产方式基础上，实行大规模的定制生产，不仅提高了产品的质量，而且产品完成的时间与传统服装生产时间相比大大缩短。

JIT 生产方式的建立要实现管理上的精细化，在互联时代要利用大数据信息，生产产品的人员、原料等都要有精准的数据。这就需要企业进行周密的计划、严格的控制。

3. SCM

SCM 是英文“Supply Chain Management”的简称，即供应链管理，即一个企业利用信息手段，对围绕在它周围的各个供应环节中物料、资金、信息等资源进行的计划、调度、控制和利用，形成上下游企业之间供应过程的功能整体。这是一种集成的管理思想和方法，企业通过这种供应链关系，能够整合和优化供应链中的信息流、物流、资金流，以获得企业的竞争优势。

供应链管理是企业有效的管理方式，它整合优化了供应商、制造商、零售商的业务效率，使商品在整个交易环节能顺利进行，同时也降低了企业生产和销售成本。企业之所以要实行供应链管理，是因为供应链管理与传统的物流管理是有区别的，这些区别体现在存货管理的方式、货物流、成本、信息流、风险、计划及组织间关系等方面。所以，供应链管理有成本低、风险小、信息共享等方面的优势。

然而，供应链管理是一个复杂的系统，涉及的企业众多，牵扯到企业的方方面面，因此实施供应链管理必须要注意以下几个问题：

（1）**重新构建配送网络；**

（2）**所有供应链上的企业要互相配合；**

（3）**控制好库存；**

（4）**产品设计要满足顾客需求；**

（5）**企业之间信息共享，沟通无碍；**

（6）**为顾客创造价值。**

供应链管理是企业物流发展的最高级形式，也是未来企业管理发展的趋势。戴尔公司是以“直接经营”模式著称，其高效的供应链管理体系，在全球 IT 行业不景气的情况下，能取得不俗的业绩。

4. TCM

TCM（Terminal Compliance Management）是金万维终端行为管理系统的简称，是一款由北京金万维科技有限公司推出的、能够协助 IT 管理者制定合适策略规则的桌面监控软件，功能如图 8-5 所示。

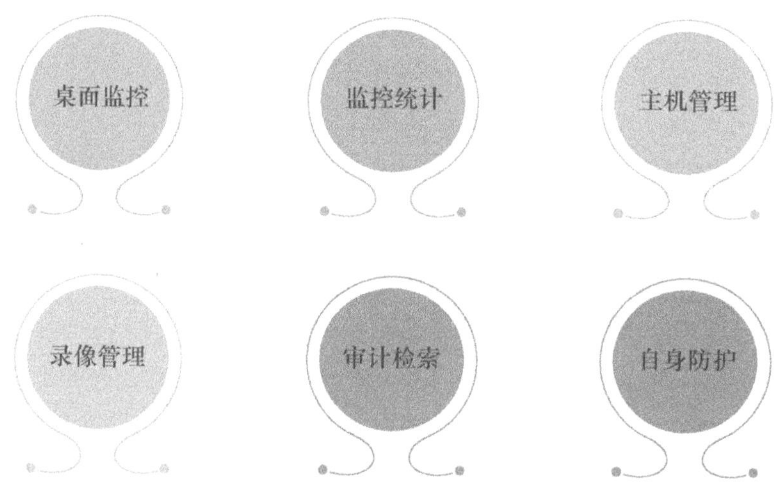

图 8-5　TCM 功能

（1）**桌面监控**：对需要管理的计算机操作进行授权监控；

（2）**监控统计**：实时统计监控主机总量、在线监控主机量、离线监控主机量；

（3）**主机管理**：展现所有监控 PC 的信息情况，如主机名称、主机 IP、监控状态等；

（4）**录像管理**：管理所有的监控 PC 的审计录像，对审计录像进行播放、下载等；

（5）**审计检索**：对所有的审计录像进行检索查询，如主机名、主机 IP、登录用户名等；

（6）**自身防护**：审计程序的防杀功能，如进程防杀、程序防卸载、配置文件防删除等。

5. VSM

价值流程图（Value Stream Mapping，VSM）是丰田精实制造生产系统框架下的一种用来描述物流和信息流的形象化工具。它运用精实制造的工具和技术来帮助企业理解和精简生产流程。价值流程图的目的是为了辨识和减少生产过程中的浪费。浪费在这里被定义为不能够为终端产品提供增值的任何活动，并经常用于说明生产过程中所减少的“浪费”总量。VSM 可以作为管理人员、工程师、生产制造人员、流程规划人员、供应商以及顾客发现浪费、寻找浪费根源的起点。从这点来说，VSM 还是一项沟通工具。但是，VSM 往往被用作战略工具、变革管理工具。VSM 通常包括对“当前状态”和“未来状态”两个状态的描摹， 从而作为精实制造战略的基础。

VSM 基本流程如图 8-6 所示。

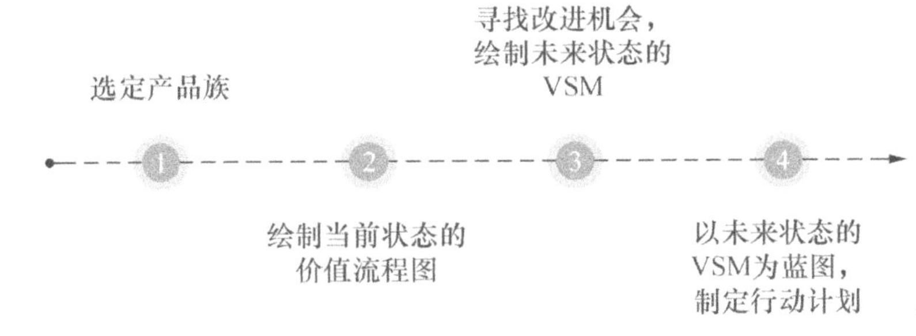

图 8-6　VSM 基本流程

（1）选定产品族；

（2）绘制当前状态的价值流程图；

（3）寻找改进机会，绘制未来状态的 VSM；

（4）以未来状态的 VSM 为蓝图，制订行动计划。

在互联网时代，传统的企业管理模式已经不适应经济的发展，变革就成了必然。这五大管理模式为企业的管理提供了切实可行的管理模型。企业正在步入工业 4.0 年时代，智能制造也已如火如荼，企业精细化管理是未来企业的发展方向，也是这五大管理模型的基础。

8.6 精细管理实施路径

企业要想完成企业的精细化变革，必须自上而下进行转变，并且要结合全体员工的动力，实现整体的改变。

企业的决策者、领导者必须要对企业精细化管理高度重视，站在战略性的高度研究、制定、推行企业精益管理的顶层设计。

制定企业的中长期生产运营计划，召开会议针对计划，展开可操作性强的课题讨论，汇报定期的检查情况，保障计划顺利实行并解决计划中出现的问题。

建立企业的精细生产文化，塑造精细化的可持续性。调动员工的积极性，给予员工展示才华的机会和空间，也是给企业发展的一个机会。

精细化要与绩效管理结合起来，才能规范保障精细化。但不是针对个人而是针对一个团队实现绩效管理与精细化的结合。

精细管理实施步骤如图 8-7 所示。

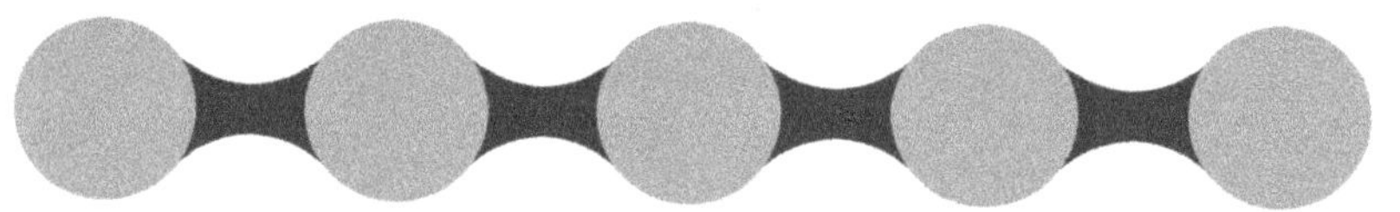

图 8-7 精细管理实施步骤

1. 选择要改进的关键流程

精益生产方式的改进是一个长期的过程，因为它牵涉到各个生产环节，它不是改进一个或几个环节，而是所有生产环节相配合起来才有效果。所以，精益生产方式的改进是一个长期的过程，它需要持续的优化和改进。最好是选择关键的环节，进行优先改进，并力争建成标准，为其他环节改进树立样板。

2. 画出价值流程图

由于市场竞争的激烈，企业的利润越来越低，特别是制造业已经进入微利时代。那么，企业如何在生产过程中发现价值，避免在生产过程中的浪费，成了企业当务之急。而价值流程图可以帮助企业解决这个问题，价值流程图是用来描述物流和信息流的方法，这旨在以精益思想为基础，核心是实现企业利益的最大化。正确使用价值流程图，能帮助企业极大地改善生产流程，消除浪费，创造价值。

3. 开展持续改进研讨会

精细管理的实施在于行动，它并不是只停留在口号上、文件上、图纸上，只有实实在在的行动才有意义。因为任何事情的改变都不是那么容易，在实施精细管理过程中，必然会出现这样那样的问题。在这种情况下，就要开展持续改进研讨会，集思广益，促进问题的解决。

4. 营造企业文化

企业文化是企业的价值观、信念、仪式、符号、处事方式等组成的其特有的文化形象，它反映在企业日常运行的方方面面。企业文化是具有本质性、内涵性的东西，一旦形成，将影响深远。企业在实施精细管理中，要营造一种精益文化，引起员工共鸣，促进和规范员工的行为，提高效率和效益，促使员工用有限的资源创造最大的价值。精益文化还是危机意识、问题意识和人本意识的反映，也是维持企业长远发展的基础。

5. 推广到整个企业

企业的精细管理不是只关注个别或几个环节，而是在整个生产流程中都要做到精益生产，这样才能从整体上消除浪费，创造更大的价值。要把树立的样板逐步推广到整个企业，优化各个生产工序，促进以实现顾客价值为导向的生产方式。

总之，精益生产是在生产过程中的精益求精，它的目的是改进和优化生产过程中的每一道工序，尽可能地消除浪费，增加价值，提高效率，增加效益。

由传统企业向精益企业的转变不可能一蹴而就，需要付出一定的代价，并且有时候还可能出现意想不到的问题。但是，企业只要坚定不移地走精益之路，大多数在 6 个月内，有的甚至还不到 3 个月，就可以收回全部改造成本，并且享受精益生产带来的好处。

第 9 章 只有正确实施精益生产，企业才能具备超强竞争力

精益生产是企业提升竞争力的一种可靠的办法。利用无间断的作业缩短时间、材料等成本的支出，并且最大程度上使多个环节同时作业，而非分批或排队等候作业。简单来说就是并联作业，而非串联作业。从而实现企业的生产精细化，使企业的效率、质量得到提高，企业的竞争力也因此提升。

9.1 精益生产的 14 项管理原则

精益生产不仅是一种优秀且严格的生产方式，更是一种管理理念，一种管理原则。精益生产只有上升到企业战略性理念的高度上，才能发挥巨大作用。企业的精益生产不是简单的一个环节的应用，而是贯穿于产品价值创造的整个过程。从研发设计到投入生产，再到物流运送和后期服务。这期间的每一个环节和每一个部门都需要全方面改进。一些企业的精益生产效果不如预期，很多时候是因为只把精益生产当作一种生产方式，而没有认识到需要从整体模式上转变，导致精益生产出现局限性，各个环节作业不能完美配合。

精益生产应该制定属于自己的管理原则，才能更好地将精益生产上升到企业战略性理念的高度上，让企业在行业中具备超强的竞争优势，如图 9-1 所示。

原则 1　消除浪费

在产品生产过程中，过量生产、等待时间、运输、库存、过程（工序）、动作、产品缺陷等方面普遍存在浪费，如浪费原材料、资源，浪费劳动力、浪费时间。这种种浪费就是企业精益生产必须要解决的问题。

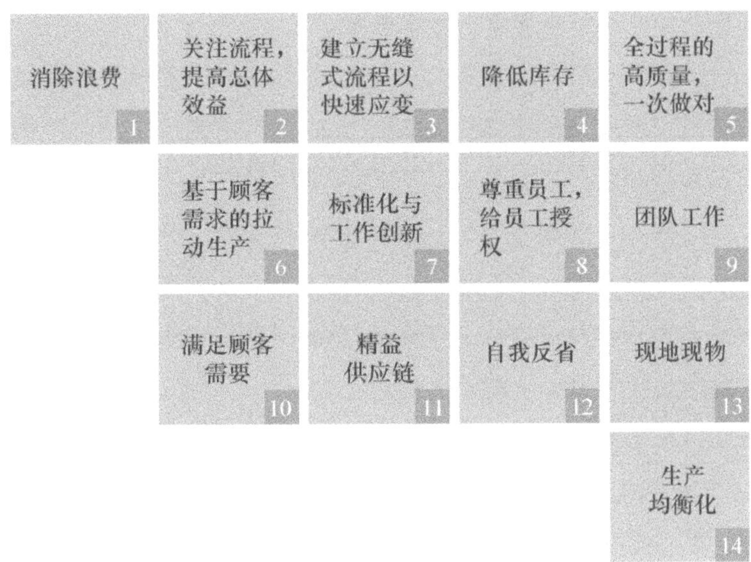

图 9-1　精益生产的原则

原则 2　关注流程，提高总体效益

流程优化是企业精细管理中不可或缺的一环。流程决定企业生产的绩效。流程的优化能够帮助企业提升总体的效益。管理大师戴明说："员工只需对 15% 的问题负责，另外 85% 归咎于制度流程。"流程占的比重很大，因为流程是从企业的全局出发，从根本上优化企业生产，而非简单的一个环节。全面改善企业的生产经营状况，才能提升总体效益。

原则 3　建立无缝式流程以快速应变

建立无缝式流程，主要是为了压缩流程中无增值的环节，减少时间、成本的浪费，尽可能地优化生产运营流程的时间，快捷满足客户的需求。

原则 4　降低库存

首先降低库存是要建立在高效的流程、稳定可靠的品质上的。单纯地续建库存，成本只会上升，不会下降。降低库存的目的是降低成本和一些问题。零库存固然是一种优秀的库存状况，但不可为了减少库存而减少库存。应该通过流程的管控把握产品的生产状态，从而达到减少库存、降低成本的目的。

原则 5　全过程的高质量，一次做对

产品的质量是影响客户选择与否的一项重要的评测标准。虽然产品生产都要经过检测，但质量不是通过检测出来的，而是通过生产。检测只能在产品出现问题后及时发现和补救，这会极大地拉低产品的生产效率。因此，在产品的生产过程中，应当在各个环节做到精益生产，保障产品一次性成功生产，以此来提升产品的生产效率。并且精益生产推崇无缝式管理，当一个环节出现问题，整个生产流程都必须要停下来，这是非常不可取的。因此，精益生产必须建立在产品高质量的基础之上。

原则 6　基于顾客需求的拉动生产

JIT 主要就是按需生产、供需平衡，使生产和销售同步进行，这样能够保持物流的平衡，减少库存压力。但是这个时间和销量要把握准确，过早或是过多等都会造成准时。例如，丰田公司就层用“看板”系统来拉动生产，有了信息系统后辅以 ERP 或 MRP 信息系统则更容易达成企业外部的物资拉动。

原则 7　标准化与工作创新

俗话说“无规矩不成方圆”，工作中的标准化，就是工作中“规矩”。在工作中，要制定标准、组织实施标准并对标准的实施进行监督检查。这有助于提高工作效率和产品质量，标准化并不是对工作的限制和束缚，很多技术改进都是在工作中完成的，并形成以后的工作标准。因为在工作实践中，对工作的情况越了解，越有助于工作的创新和改进。

原则 8　尊重员工，给员工授权

员工是企业的发展的一大动力，企业需要给予员工充分的尊重，并且为他们提供能够发挥聪明才智的空间。这样企业才能有更长远的发展。

还是以丰田公司为例，员工实行自主管理制度，在自己的职责范围内可以自行发挥，员工减少了很多对工作失误等问题的担心。出现问题，员工及时找到内在的原因，对症下药，问题下次就不会出现了。精益生产企业需要的是一个整体的员工，而不精细的企业只需要员工一双工作的手而已。

原则 9　团队工作

组建团队是精细企业常见的一种工作的形式，尤其是灵活的团队。有时候一人多角，分属于不同的团队，配合完成不同的任务。丰田的新产品发展计划就是由一个庞大的团队合作进行的。团队的成员来自丰田的各个部门，如技术部、营销部、制造部等。他们汇聚到一起能够极大程度上缩短新产品的推出时间，最大限度上提升产品质量、降低生产成本。很多的问题从一开始就被多方充分考虑到，减少和解决了很多潜在的问题。通过团队配合让各个部门的人才组织到一起，让整个生产更容易进行。

原则 10　满足顾客需要

“客户就是上帝”这话说得一点也不过分。客户的需求是企业生产的动力。想要不断增加客户对产品的需求，就要不断提升客户的满意度。有些不良企业为了眼前的一丁点利益不惜以掺假等方式欺骗客户，失去客户的信任，也有很多企业只看重眼下的利益而忽略客户的意见，长此以往必将失去客户对其的信任，从而失去广大的市场。丰田公司为了提升客户的满意度，尽管产品总是供不应求，也不直接扩大规模生产，而是将准备工作做充分才进行扩张，保持稳健务实的作风，因此赢得了客户的认可。丰田这种充分尊重客户的理念使其年利润增长率几乎为销售增长率的两倍，并且这种增长相当稳定。

原则 11　精益供应链

供应链的精细化主要是对于合作企业的信息共享、风险共担、利益共享。但是国内企业在精细生产的时候为了减少库存，与供应商互相推脱。而精细供应链的目标是将整个供应链的库存降低，你推给我，我推给你，是起不到根本作用的。这需要不断进行流程的改进，企业与供货商、分销商等共同受益。最好让企业成为整个供应链的领头羊，带领整个供应链的企业串联起来，合作共赢。让供应链中的每个企业都能受益，才是精细化的供应链体系。

原则 12　自我反省

自我反省是精细化生产运营的一个标志性特点。其目的主要在于找到自身的问题和缺点，并不断完善和改进自身。丰田公司在遇到问题时认为，重要的不在于责罚员工，重点在于采取切实的行动弥补失误、解决问题，并且从中学到经验才是企业进步的关键。而一些企业采取罚款制度，出现问题后只进行罚款、批评，导致很多员工使出浑身解数掩盖问题以逃避惩罚，对于问题的解决没有任何帮助，相反还会因此将问题越埋越深，更加不容易得到解决。

原则 13　现地现物

现地现物是指不管职位高低都要深入现场，了解真实、具体的情况，才能更有效、更贴近问题地考虑和解决问题。这种方式能够避免企业领导者不能“体察民情”，不能了解到企业生产的真实准确的情况发生。中集集团是我国上市公司中的佼佼者，它下设十几家工厂，但是位于南通的工厂总成为众多工厂中工作最优秀的。一个很重要的因素就是南通中集工厂的领导层就遵循现地现物的理念，每天都要抽出时间实地考察一线的生产情况、解决一线出现的问题。

原则 14　生产均衡化

生产均衡化是指包括企业的原材料的选购、产品的生产中制造以及配送服务的整个过程都需要与市场需求符合。供需相匹配才能让企业的资金流、物流都运转起来。从需求拉动生产，使各环节的生产能够均衡配合生产。有计划性地进行生产，企业生产情况稳定，精细化程度高。丰田汽车公司是最早实行均衡化的企业，其要求生产数量和产品种类的均衡，即各个工序领取零部件时均匀领取，避免了各工序闲忙不均，引起生产混乱。所以，丰田公司的总装线都是以最小批量装配和输送成品，实现了“单件”生产和输送的最高理想。简而言之，丰田的生产均衡化就是各工序按时领取数量相近的零件，使生产顺利、有序进行。

精益生产管理的核心就是避免无效劳动和消除浪费，它的目标就是把事情做得尽可能完美。这种管理方式能不断地降低成本，提高产品质量，增强生产的灵活性，减少废品和实现零库存，确保了企业在市场拥有竞争力。

9.2　4M1E 盈利现场 10 项管理技能

4M1E 是企业现场管理中的 5 个要素，4 个 M 代表了 4 个英文单词，即 Man(人)、Machine(机器)、Material(物)、Method(方法)；1E 是 Environments(环境)。这 5 个要素被人们称为 4M1E 法。

4M1E 法在企业管理中的作用是什么呢？一个产品的完成需要多个工序，每个工序的质量是保证产品质量的基础。而工序质量受 4M1E 的影响，即人、机、料、法、环这 5 个要素的影响。所以，在企业的精细化现场管理中，就是按照这 5 个要素进行管理的。

管理是指对组织资源进行有效整合以达成组织既定的目标与责任的动态性创造活动，包括计划、指挥、协调、控制等要素。现场是指利用人员、设备、既定的作业方法，将材料加工、装配成制品的场所。现场管理人员是指在企业组织中，拥有权力，对现场的作业人员、材料、设备、作业方法等生产要素直接管理的人。现场管理 5 大要素人员（Man）、设备（Machine）、材料（Material）、作业方法（Method）、作业环境（Environment），俗称“4M1E”。现场管理目标：提升品质（Quality）、降低成本（Costing）、确保交货期（Deadline）、确保人身安全（Safety）、提高士气（Morale），俗称“QCDSM”。

一个管理人员是否称职，关键看是否完成了以上 5 个根本目标。有的管理人员自己不求上进，把混乱、低效的局面归咎于部下，要么因为部下不听话，要么因为能力太差，这是没有道理的。俗话说“天底下只有不会打仗的官，没有不会打仗的兵”，战场上双方的士兵都是一样的，指哪打哪。管理目标无法完成，第一要问责的就是管理人员。因此要回答“管理人员到底管什么？”这个问题，答案很明确：通过管理“4M1E”五大生产要素，达到“QCDSM”5 个根本目标。

技能一：技术技能。企业管理人员具备技术能力，才能在现场管理中发现可能存在的技术问题，监督员工按技术规范操作。管理者的技术能力还体现在对产品的质量进行管控，如果缺乏专业技术能力，管理者则不能胜任管理工作。

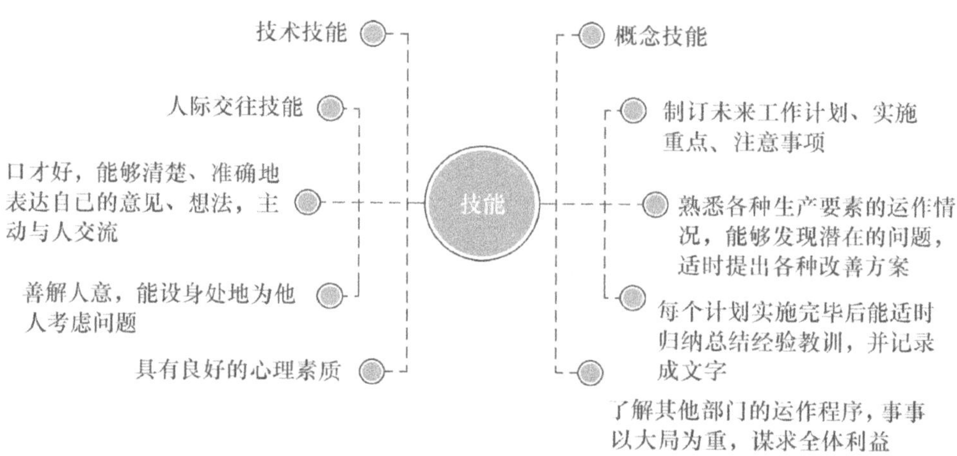

图 9-2　4M1E 10 项技能

技能二：人际交往能力。人际交往能力是现代管理者不可或缺的能力之一，成功管理者必须要处理与各级的关系。因为管理者要实现管理目标，就要与上级、平级和下属之间沟通协调，这时候管理者的人际交往能力就显得特别重要了。对管理者来说，只要做到这三个方面，人际交往其实很简单，一是维护上级，这是管理者的本分；二是赢得平级，就是赢得平级的信任，大家和平共处；三是善待下级，这是一种修养。这三个方面都做好了，那么看似繁杂的人际关系，就会变得顺畅通达、水到渠成，自然也就提高了管理的效率。

技能三：口才好，能够清楚、准确地表达自己的意见、想法，主动与人交流。善于对外联络、沟通。乐于听取、融合不同意见，时时反省自己的行为。

技能四：善解人意，能设身处地为他人考虑问题。乐于助人，公私有别。心胸坦荡，不嫉贤妒能，富有正义感。尊老爱幼，对人有礼有节。

技能五：具有良好的心理素质，能够承受各种工作、家庭压力。

技能六：概念技能。这是指理解事物之间的相互关系，并能识别关键的因素，把握全局的能力，越是高级别的管理人员在这一方面要求就越高。

技能七：管理者要以 QCDSM 为目标，制订工作计划，并且要对注意事

项和实施重点了如指掌。

技能八：要熟悉整个生产流程和各个工序，能及时发现潜在的问题，并提出有效的改进方案。

技能九：当生产计划完成后，要及时总结经验教训，并形成记录。对好的经验要发扬，对出现的问题，当作教训设法改进。

技能十：以大局为重，与其他部门相互配合，做好沟通协调，谋求全局利益。

企业以盈利为目的，做管理、提高管理技能都是为盈利服务的。有句话说“管理出效益”，一个企业如果管理出了问题肯定影响到效益。4M1E 法是一整套企业的管理系统，对员工、设备、物料到企业的生存环境等进行方方面面的管理。企业管理者有了这 10 项技能，就能纲举目张，掌控企业全局。

9.3 5R 物资管理与 SCM 供应链模式创建

1. 5R 物资管理

5R 物资管理主要是建立在每一种原材料只有一家供应商的基础上，适时、适质、适量、适价、适地地采购生产所需的材料。遵循 5R 原则，是企业对于物资的管理实现利益最大化的途径。在购买材料时必须要围绕“价”“质”“量”“地”“时”等基本要素来展开工作。

企业采购过程中要遵循 5R 原则，才能使采购效益最大化。5R 原则采购就是在适当的时候，以适当的价格，从适当的供应商处买回所需数量商品的活动。采购 5R 原则：即适时（Right Time）、适质（Right Quality）、适量（Right Quantity）、适价（Right Price）、适地（Right Place），如图 9-3 所示。

（1）适价

企业为节约成本，对采购价格异常关注，并且制定出了采购制度及流程。为了节约采购资金，采购人员往往会花费大量的时间和精力与供应商在所采购物品价格上进行谈判。然而，物品价格的形成是由多方面因素决定的，它受生产成本、需求量以及市场供求关系的影响，同时与采购人员也有关系。所以，采购人员在采购商品时，要对该商品的市场情况有一定的了解，以免多花冤枉钱。想要在采购商品时获得合适的价格，要做到以下几个方面。

图 9-3　5R 原则

① **多找几家供应商获得报价**：在互联网时代，人们获得商业信息的渠道越来越多，在网络上很容易找到供应同一类商品的多家供应商。通过各家供应商的报价比较，就可以了解所采购物品的大致市场价格。

② **价格比较**：特别是企业的大宗采购，动辄采购资金就是几百上千万，这就要求采购人员必须谨慎行事。为了购买物美价廉的物品，采购人员必须要对各供应商报价单中所包含的条件进行比较。价格比较的前提是要把各供应商的报价条件转化一致后再进行比较，这样的比较结果才比较真实。

③ **采购议价**：指的是采购商品时价格由双方商谈议价产生的，经过价格比较之后，筛选出最重要的报价环节，结合详细的采购要求与供应商进行深入的沟通。其实，供应商在第一次报价的时候，往往会有点虚高，如果是买方市场，采购人员就可以与供应商“砍价”；如果是卖方市场，那么与供应商的议价空间就比较小，采购人员要掌握这种情况。

④ **正式定价**：经过和供应商谈判之后，双方都能够以可接受的价格作为将来正式的采购价。这时候采购人员要掌握两三个供应商的报价，因为这些报价之间可能有出入。

（2）适质

在竞争激烈的市场上，企业必须以质量求生存，如果企业产品的质量不好，早晚会被市场所淘汰。产品要想做得好，采购的原料好是一个重要的条件，所以采购人员要具备专业知识，对所采购物品的质量把好关。

如果采购人员忽视采购物品的质量，对企业会产生很严重的后果。不仅会造成原料的大量浪费，增加企业的成本，也会使产品的质量得不到保证。甚至会降低客户对企业的信任，甚至会使客户流失，使企业蒙受损失。

（3）适时

对采购人员来说，按照企业的生产计划适时完成采购是十分重要的。日本丰田汽车公司能做到零库存，就是它对所有供应商的零部件采购安排得很精确。如果任何一家供应商不能如期到达，就会引起生产的混乱。如果采购的时间提前过多，不但要占用库存还积压了资金，无形中就增加了企业的成本。所以，采购人员要与供应商做好沟通协调，使物品按预定的时间和地方交货很重要。

某供电企业在安装新设备时，采用了适时原则，有效节约了企业的成本，增加了经济效益。为了做好废旧物资的管理工作，这家企业主要做了以下 5 项工作，一是对物资的到货日期做了详细规定，保持沟通协调，保证物品按时运到；二是安排技术人员做好验货工作，确保物资的入网安全；三是准确把握项目的进度，使项目进度与供应商在交货时间上相配合；四是沟通协调相关单位确认图纸，不能因为图纸确认影响工程与物资供应受阻；五是在物资接收、清点和配送工作上相互协调，降低企业成本。

（4）适量

适量采购就是既不会占有库存，造成采购资金积压，也不会因采购数量不够而影响企业生产，合理的采购数量对企业很重要。一般来说，要按照企业的生产计划进行采购，定货完成后，采购完成后采购人员不仅要监督供应商准时交货，还要强调按订单数量交货。

（5）适地

企业选择供应商时要考虑供应商的所在地，因为近距离供货不但可以节约物流成本，而且也使双方的沟通协调更为方便。日本丰田汽车公司的供应商，都是以丰田为中心，最近的供应商在 50 公里范围内，最远的是 500 公里，围绕丰田形成了供应商圈。所以，企业最好选择近距离的供应商。

2. SCM 供应链模式

SCM 是英文“Supply Chain Management”的简称，即供应链管理，这是一种集成的管理思想和方法，是在供应链中从供应商到最终用户的物流的计划和控制。供应链是企业赖以生存的商业循环系统，这是企业把供应商、制造商、仓库、配送中心和渠道商等有效地组织在一起来进行的产品制造、转运、分销及销售的管理方法。从而使整个供应链系统成本最小，主要包括计划、采购、制造、配送、退货 5 大基本内容。

SCM 的优势有 5 个方面，一是有利于企业生产计划的顺利执行；二是降低库存压力，提高供需双方发货供货的能力；三是减少环节、提高生产效率，降低成本；四是节约采购资金，缩短生产周期，对市场反应迅速；五是在互联网时代，有利于企业利用网络实现 SCM。

企业利用互联网对上下游企业进行整合，形成以企业生产为中心，将原料供应商、产品经销商、物流以及服务商进行整合，构成以实现顾客价值为目标的供应链。不仅降低了采购成本、运输成本，而且还提高了对顾客需求的反应速度，从而提高了企业的市场竞争力。

9.4 25 个精细标准化管理模型构建

模型 1 细节创优

古人说“天下大事必做于细”，说的是做事情要从小处细节着手。《细节决定成败》一书的作者汪中求说：“芸芸众生能做大事的实在太少，多数人的多数情况总还只能做一些具体的事、琐碎的事、单调的事，也许过于平淡，也许鸡毛蒜皮，但这就是工作，是生活，是成就大事的不可缺少的基础。”海尔总裁张瑞敏也认为，中国人在认真、精细上做得不够，才导致生产线上出现次品、矿山上事故频发等。由于张瑞敏在海尔狠抓细节，才使得海尔成为全球大型家电第一品牌。

模型 2　可视监管

有管理者说过这样的话，“人们不会做你期望的事情，只会做你检查的事情。”如果在工作中只是提出“希望如何如何”，结果工作肯定不能按时完成；如果指出要对某项工作进行检查，则工作效率会提高很多。因为不去监督检查，就没人真正重视。有人做过统计，在企业里，只有 20% 的人能很自觉很努力地工作，有 60% 的人是要靠监督来完成工作，最后还有 20% 的人是很难独立完成工作的。所以，在企业管理中，建立可视监管模型很重要。

模型 3　清洁生产

企业的清洁生产能使企业达到节能、降耗、减污、增效的目的，企业的清洁生产是使企业实现长期利润的战略行为。

模型 4　防错防呆

防错防呆模型是由日本质量管理专家新江滋生最早提出的，是他根据长期从事现场质量改进的丰富经验得出的概念，并将其发展成为获得零缺陷、免除质量检验的工具。这种模型主要目的是减少生产现场的失误，防呆法主要有两种方式：一是控制式防错；二是注意式防错。

模型 5　定岗定责

定岗是确定岗位名称与岗位工作内容；定责是确定岗位责任，岗位责任是从岗位工作内容中推导出来，而非岗位工作内容，不要把二者混淆。定岗定责是生产分工的要求，能对实施精益化生产起到促进作用。

模型 6　技能定岗

企业管理者要“知人善任”，每个人都有自己的优点，只有把合适的人放到合适的岗位上，才能发挥出最大潜能，使人尽其才。技能定岗就是把按人员技能熟练度，分配到合适的岗位上。

模型 7 “333”配置

在企业生产中，1 个岗位至少要有 3 个人会操作，1 个人至少要具备 3 个岗位操作技能，在 1 个车间里要保证 3 个人会操作车间里的所有工序，这就是“333”配置模型。这样配置的好处是，任何一个人或岗位出现意外情况，都有人可以顶上去，不会影响生产的进行。

模型 8 作业指导

作业指导模型是对作业者进行标准作业的正确指导的基准，按照作业的顺序对符合每个生产线生产数量的每个人的作业内容及安全、品质的要点进行明示。按照作业指导书进行作业，是能够快速、安全地完成作业的保证。

模型 9 褒贬区隔

企业管理者要建立奖励和惩罚制度，人都是需要鼓励的，鼓励是员工的兴奋剂，能让员工提高工作效率。如果对员工尖酸刻薄、冷嘲热讽，不仅使员工感到不适，并且也影响了工作情绪，不可能把工作做好。建立褒贬区隔模型，目的是提高员工工作的积极性，促进企业整体目标的完成。

模型 10 实物参照

在生产过程中有实物参照，可以使员工有直观感受。

模型 11 点滴教育

点滴教育是对员工定时或随机的教育培训，不用花费太多时间，而是见缝插针地进行教育，教育内容形式可以多样化。例如，让员工轮流主讲，或让优秀的员工分享经验。点滴教育要与现场教育结合起来，主要是为了提升员工的技能，保证生产任务的完成。

模型 12 关键点矫正

企业在管理和生产中，难免出现一些失误，这些失误的出现并没有影响大局，但是失误的存在总归是隐患，那么就需要对这些失误进行矫正。选关键点矫正可以起到以点带面的作用，建立关键点矫正模型，可以在出现失误的时候迅速有效地进行矫正。

模型 13　规格备忘

企业在生产产品时，产品会有不同的规格型号。规格用来识别物品的编号，主要是指物品的体积、大小、型号。建立规格备忘模型，不仅可以对生产的产品掌握得很清楚，而且需要哪种规格的产品，都能很快进行生产。

模型 14　过程规范

对整个生产过程进行规范，如产品的防护标准、摆放标准、层叠标准、搬运标准等，对过程进行规范，是为了保证生产的安全。

模型 15　标准固化

把形成的标准用文字记录下来，做到有据可查、有“法”可依，使每个人对标准都非常熟悉。

模型 16　质量日清

建立“今日事，今日毕”制度，做到“日事日毕，日清日高”，每天的问题当天进行处理，不拖延不堆积。“日事日毕，日清日高”是海尔的口号，海尔采取的日清管理法，就是全面地对每人、每天所做的每件事进行控制和清理，今天完成的事要比昨天有质的提高。

模型 17　履历追踪

就是构建品质异常履历表，对客户情况，产品的生产日期、数量、规格以及不合格产品的数量、原因、处理方法、责任人等都要记录在案。对生产设备的参数、维护保养、运行情况都要有记录。

模型 18　全员改善

为了降低企业成本、减少浪费、提高生产工艺，需要对生产资源进行有效的逐步整合，这就是全员改善，全员改善是为了提高企业利润。

模型 19　OPL

OPL 是英文“One Point Lesson”的简称，意思是单点课程或者一点课程，是一种在现场进行培训的教育方式。建立现场培训模型是指用科学的管理制度、标准和方法对生产现场各生产要素，包括人员、设备、物料、方法、环境和信息等，进行合理有效的计划、组织、协调、控制和检测，使其处于良好的结合状态。这有助于解决企业生产现场的各种问题，有利于提高生产效率、提高产品质量、降低生产成本、保障生产安全。

模型 20 安全护航

建立安全护航模型为企业的安全生产服务，企业生产要进行统一安全部署，为企业生产的各个工序安全护航。

模型 21 问题导航

企业在发展过程中，不可避免会出现这样那样的问题，必须要得到有效的解决，建立问题导航模型就是为了使出现的问题按照一定的模式得到快速有效的解决。

模型 22 人机配置

随着科技的进步，生产自动化程度越来越高，在生产中需要人机协同。在人机配置中，人与机器的高度协同，才能提高生产效益，保证产品质量。

模型 23 指引纠偏

在企业的管理和生产过程中，不可避免地会出现偏差，建立指引纠偏模型的目的就是为了在出现偏差后快速地纠偏，保障“航向”的正确。

模型 24 工艺设计

工艺设计是指用机械加工的方法改变毛坯的形状、尺寸、相对位置和性质，使其成为合格零件的全过程，加工工艺是工人进行加工的一个依据。工艺设计应当明确成型，就是加工内容及加工范围明确，这能避免工序间的失误，使生产具有一贯性。

模型 25 设备点检

设备点检是为了提高、维持生产设备的正常运行、对设备进行周密检查的过程，这样可以使设备的隐患和缺陷能够得到早期发现、早期预防、早期处理。设备点检可以分为专业点检、精密点检以及日常点检，建立起合适的设备点检模型是实现设备预防维修和状态维修的基础。

第 10 章
打造高效低本创优系统，为企业创造利润空间

利润是企业生产制造的不竭动力，所有企业都渴望拥有巨大的利润空间。因此，企业需要开源节流，不断降低产品的生产成本，同时提升产品的性能与质量，以此提升企业的利润空间。而这一切都要依托于管理系统，改善管理模式，不耗费一兵一卒就能转变成本、产品等重要元素。

10.1 五大工具分析与应用

工具一 准时化生产（JIT）

准时化生产（JIT）最早起源于丰田汽车公司，主要思想是在需要的时间内，按照需要的数量提供需要的产品，是完全的按需生产。其优势是能够让产品不愁销路，降低库存，甚至使库存为零，从而节省生产成本，打造高效率的生产体系，创造出更大的利润空间。

准时化生产需要适时适量生产，就像准时化的主要思想一样。企业生产产品要做到灵活适应市场变化，避免出现资源浪费。这是一种完全没有必要的浪费，但是因为市场需求的不断变化，这还是一种普遍的浪费现象。所以不仅需要企业进行生产环节同步以节省时间、提升效率，还需要准确把握市场需求的变化，生产设计更加合理的产品。可以采用模块化设计，并且在产品研制之初利用自动化生产以减低时间成本。

工具二　看板管理

企业的各个环节之间采用固定格式由下环节向上环节提出供货要求，是一种逆向的管理方式。供货方通过这个形式了解需求方需要的产品数量、品种等具体信息，从而同步完成双方之间货物的输送，让流程更加顺畅，避免货物短缺或者中断运送等现象。

通过看板能够最大程度地减少库存量。根据看板从上个环节领取货物，并及时补充下个环节货物取走的缺口。看板让生产流程周转快，减少占用率，从而实现“零库存”。

看板要求各个部门、各个环节之间的运转合作能够无缝对接，尤其是相邻环节在时间、产品数量上实现同步，保障看板的正常运作。

工具三　零库存

零库存一直是精细化生产所追求的。零库存不是真的使库存为零，而是通过对库存实行特殊的控制策略实现库存最小化。为了保障整个生产环节的正常、快速运营，将一些基本的库存在保障物资充足的情况下减少，减少，再减少。

这里所说的库存物资主要是指原材料、半成品以及产品成本等，主要存在于采购、生产、销售、物流等几个环节中，让物资持续处于周转状态，减少库存存储的形式。

2016 年 3 月，日照港股份三公司流动机械滤芯已基本实现了“零库存”管理。设备的采购周期大幅度地缩短。其“零库存”主要通过供销双方签订协议，原材料使用后再进行结算，这很大程度上增加了资金的流动性。目前，日照港股份三公司已经将挖掘机、装载机等 300 余台流动机械的 180 个配件实现了“零库存”管理。仅仅这一项，就能节约近 50 万元的生产成本。

工具四　全面生产维护（TPM）

通过全员参与的方式，集思广益，设计出最符合企业生产流程的高质量生产设备和系统，提升现有的设备的生产效率以及利用率。全面提升生产的安全性、提升产品质量，减少设备故障的发生，以此减少产品出现返厂等现象，减少时间以及材料等的浪费，全面减少成本浪费、提升产品的生产效率。

全面生产维护主要从 4 个方面入手。

（1）**追求产品综合效率的极限值，最大化地提升效率**。实现设备综合管理的持续性改进，不断优化管理系统，使设备持续处于效率最大的状态。

（2）**从发现浪费到实际解决浪费，建立健全的监察体系**。向着“零不良”“零浪费”的目标不断前进。

（3）**全面推广，循序渐进**。从设计研发开始，逐渐发展到生产部门、管理部门等各个环节。全面提升生产质量、减少浪费，促进整个流程的优化。

（4）**全员参与其中，集思广益，得到更好的管理、设计思路**。从一线员工的实际能力到最高领导的管理能力缺一不可。所谓全面生产维护，就是需要每个人在各个方面都要负起责任。

工具五　供应链管理平台

基于协同供应的管理理念，供应链管理平台将产品整个供应链中涉及的企业加入其中。流程实现无缝化管理，信息流通更加顺畅，增添企业间的直接交流。形成物流、信息流、单证流、商流和资金流五流合一的领先模式。将生产成本控制在最低水平，实现整体利益最大化。

10.2　真假效率区别

效率是工业生产成功与否的一大衡量标准，高效率代表着企业能够在同样的时间内生产更多、更优秀的产品。产品生产速度快，时间成本低，生产方式出色。而低效率则标志着企业在生产、管理等方面存在一定的漏洞。但是工业制造往往会欺骗我们，真假效率混杂其中。需要擦亮双眼才能辨明效率的真假。

1. 效率计算

效率 = 生产良品 / 人员 × 生产时间 ×100（以 100 为基准，每人单位时间的产量）。

运用这个公式计算效率必须使“生产数量 = 销售数量”。生产产品的效率提高了，但如果与实际销售量无关，那只是提升了表面效率，没有实际价值，也就是假效率。在企业的实际生产运营中总会出现各种各样的假效率。

2. 效率的品种（图 10-1）

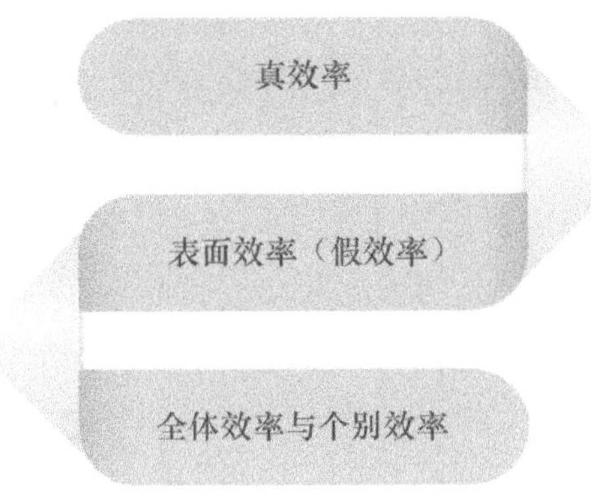

图 10-1　效率的品种

（1）真效率

最少的人力、设备投入，生产同样销售数量的产品或更多的产品，提升效率，能够实质性地降低生产成本，得到更大的利润空间。

（2）表面效率（假效率）

单一地通过同样的人力、设备增加产量，但却与销售无关，做的都是无用功。单纯地在计算之中得到效率的提升，是一种表面效率，也就是假效率。

（3）全体效率与个别效率

丰田公司为提升企业效率，追求准时化生产。与产品的其他生产环节无关，只注重于提高单一环节效率。过于追求个别效率的提高容易出现供需失衡的情况。而全体效率的提升才是真正的提升。试想，一个零部件不断提升生产效率，而其他组成部件生产效率不变，非常容易造成单一产品的产量过高，造成浪费。

在能够明辨真假效率之后，企业要做的就是提升真效率。提升真效率需要注意以下 7 个方面。

① **制度是提升生产的关键因素。**企业需要完善自身的生产制度，让生产有章可循、有理可据。制定严格的标准管理制度，标准化生产运营。

② **相关的管理部门定期了解生产状况，针对现实情况及时调整生产计划。**下级部门也应将生产情况定时反馈，并且落实调整生产计划。

③ **奖惩制度。**一分耕耘一分收获，当员工的生产效率高时要及时进行奖励，提高员工的工作积极性，也为其他员工做了榜样。一些企业不重视个别员工的高生产效率，导致出现能者多劳的场景。工作干得出色反而要承担更多的任务量，这会严重打击员工的积极性，结果会造成员工都没有高效率。

④ **高效率离不开技术与生产设备，提升这两个方面的水平是重中之重。**俗话说“巧妇难为无米之炊”，没有高新的技术与设备，单纯依靠员工是不能大幅度提升生产效率的。

⑤ **走近员工，开发员工的潜在能力，领导员工向更高效的方向发展。**员工是一家企业最宝贵的资源。企业要想成功，就要充分挖掘员工的潜能，员工与企业并肩作战，才能让企业发展得更加出色。

⑥ **组建专业的研究小组，专门用于研究生产效率的提升。**

⑦ **企业是一个团队，要想提升效率就必须增强团队的凝聚力。**能否顺利完成任务，团队功能起着很重要的作用。一个优秀的团队能够互相帮助，最终顺利完成任务，提高生产效率；而一个差的团队，团队内部摩擦不断，如

何能更高效地生产？因此，企业内部应该多做团队活动，增进员工彼此间的了解和友谊。当建立良好的工作关系之时，团队的战斗力就能提升上去，效率自然也就能够提升上去。

10.3 计划组织与落地实施

在一个项目、一家企业发展之初，都需要进行计划组织与落地实施。这两者相互配合，才能让企业打出一组有力的拳法。万事万物要想成功，离不开计划组织。当产生一个想法、思路时，研究出可行性报告说明，有了依据之后再落地实施，才能最大程度上减轻风险，在新的道路上走得顺畅。

1. 计划组织

计划组织主要依据计划组织的重要性、明确性、抽象性以及时间的界限来划分成短期计划、战略计划等类型。这些计划组织通常不是独立存在的，而是“结伴出行”。如比较常见的短期计划和长期计划，就是将计划分成一个个小部分，先实现一个再着手下一个，最终实现整体目标。

2. 计划组织的意义（图 10-2）

计划是其他管理职能的前提和基础。任何计划都有一个尺度，是管理环节的中心。计划组织在管理活动中有着重要且特殊的地位。当今社会不论是经济、技术还是政治都在飞速发展。发展与变革带来了无尽的机会，但同时也存在着风险。在市场、资源、产品等方面的竞争也是如此。管理者看准机会的同时，也要最大程度上规避风险，在机遇与风险并存的市场之下开创一条稳定的新道路。倘若计划组织不够周全，甚至根本就没有计划，像无头苍蝇一样乱飞，那等待企业的结局也必然是可悲的。

（1）计划组织是落地实施的前提

当今各行的企业都由不同部分组建而成，分工明确且精细，生产过程复杂多样，这些繁杂的关系组织起来需要更加紧密，甚至是无缝对接。为实现科学生产，让各个部门、各个环节都充分调动起来，在时间、空间、数量等方面无缝对接、相互协调，这就必须有一个严密的计划组织。当管理中缺少计划组织的协调，就像乐队演奏时没有统一的曲谱和指挥家一样，必然杂乱无章，难以演奏出优美的曲调。

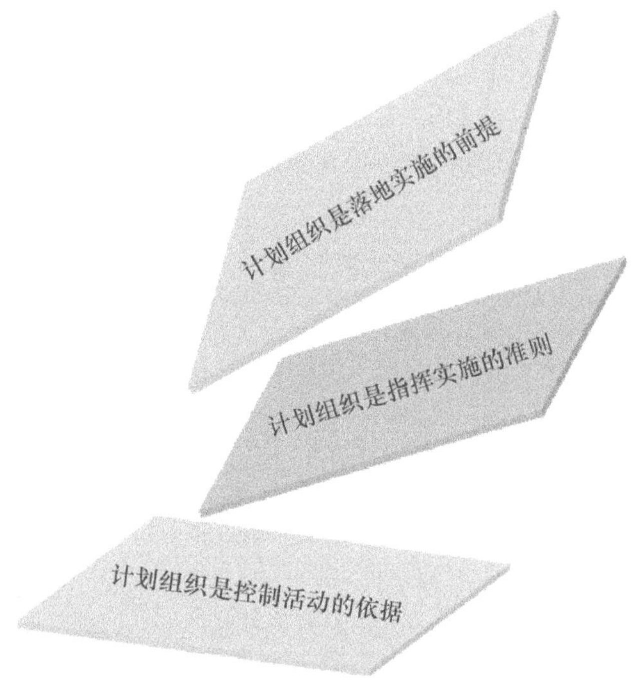

图 10-2　计划组织的意义

（2）计划组织是指挥实施的准则

一座大楼的建造不能没有明确的计划图纸。计划是一个确立目标并且达到目标的方式方法。如何规定目标，并朝着目标大步前进，最终实现对目标的落地实施，这是管理活动中人们一切行为的活动准则。人们在不同的空间、不同的时间、不同的岗位上，向着同一个目标前进必然需要计划组织来帮忙，这样才能更好地分配各自的任务，合作完成最终的统一目标。若是企业随心而为，没有计划组织，行动必将盲目冲动。而这样的后果必将使整个企业的各个环节秩序混乱，工作增多却不见效率增多。在当今社会几乎每一家企业、每一个组织，甚至是个人的行为活动都离不开计划组织。

（3）计划组织是控制活动的依据

计划不仅仅与管理紧密联合，成为协调控制的准则和前提，更是为各种复杂的数据、活动确立一个标准和尺度。不仅仅是表明方向，更使控制活动有了依据。有了控制的依据就能够在落地实施环节纠正与计划的偏差，从而使实施与最初的计划目标保持一致。换而言之，若是没有计划组织，没有参数、没有尺度、没有标准，那么就没有控制活动，企业没有控制而生产、发展必将走向一条漆黑的死胡同。

计划管理是管理职能中的首要职能，能够控制决定落地实施中的各环节关系、位置等。

3. 落地实施

在有了周全的计划、考虑利弊之后就应该落地实施。“空谈误国，实干兴邦”，任何事情光说说、光计划是不能真正带来改变的。真正脚踏实地，按照计划合理实施才是企业发展的关键。光说不练假把式，又说又练才是真把式，如图 10-3 所示。

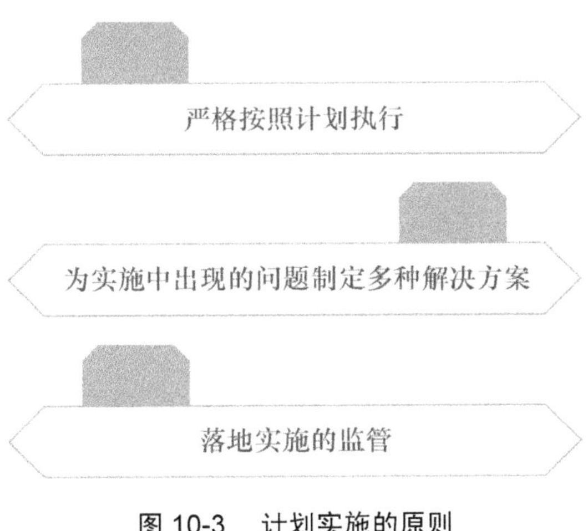

图 10-3　计划实施的原则

（1）严格按照计划执行

计划组织是落地实施的依据和准则。计划是通过大量的数据等确定出的、最为合理的实施方案。若是实施过程中我行我素，不按照规定的计划实施，那么之前的计划起不到应有的作用，不能指导实施，实施中就更易出现不可预测的风险，这是一种没有标准概念的后果。

（2）为实施中出现的问题制定多种解决方案

总是“纸上谈兵”，往往在实际的操作环节会出现其他的未曾预料到的问题。这个时候就是考验落地实施人的时刻了。保持积极、稳定的情绪，积极寻找解决问题的办法。针对计划中可能出现的问题，提出解决思路，对新问题进行探讨。制订出新的具体实施环节的优化计划，制定问题的多种解决方案，从而更容易地解决实际操作环节出现的问题。这个时候若是惊慌失措，只顾为眼前的问题着急，而忘记解决才是关键，就会影响整个计划实施的进程以及效率。

（3）落地实施的监管

当有了一个可行性的计划之后，如果不能很好地监管实施过程，那么很有可能会引发懈怠情绪或者偷工减料。就像老师布置给学生的作业如果只是布置下去却不收上来或者评作业，小孩子自控力不够，就会渐渐疏于作业，不用心写作业甚至不写。这就说明任何计划的实施都需要有一个监管环节，才能保障计划顺利、高效地实施。

10.4 质量运营“五现”模式创建

在市场经济条件下，企业运营以客户为中心，以创造更多的价值为目标，追求高质量、高效率的运营管理模式。质量运营中的“质量”是一个广义的概念，并非只是单纯的产品质量，也代表着优秀的运营效率以及价值最大化。

运营同样具有广义概念，运营包括运营的理念、战略、过程、方式方法等，涉及产品运营的方方面面。

1. **内涵**

（1）制定高质量运营发展策略，实施战略管理。

（2）本着客户为本的思想保障综合质量。

（3）建立质量运营管理体系，保障高效运营。

（4）持续改善和优化运营模式。

（5）追求价值最大化、效率最大化，追求卓越的品质。

2. **特点**

（1）质量运营是一种运营概念。不同于普通的运营，不以运营对象作为确定运营概念的根本，而是以客户作为确定运营概念的根本。

（2）质量运营是市场经济发展到一定的阶段的自然产物。市场竞争的关键逐步由价格与规模变成质量与技术。粗放型的生产运营模式逐步被集约型的质量运营模式所取代。

（3）质量运营是一个全面的提高，而并非单一的某个环节、某项内容的提高。

（4）质量运营将客户的满意度、忠诚度等放在首位，并且依据这些制定企业的发展计划、定位企业的企业文化，并且通过实际的研发、生产、营销等方式的改善吸引客户。

（5）质量运营不是指单纯的产品质量，自然也就不是仅仅涉及产品的生产运营过程。在市场、企业信誉、财会等方面都有质量运营的涉足。

3. **“五现”模式**

“五现”最早是由久保田集团提出的一个理念，是其最高的管理理念。主要包括现场、现物、现实、原理和原则，如图 10-4 所示。

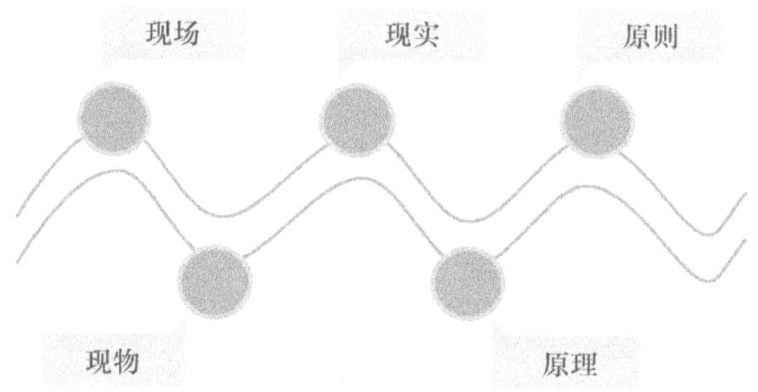

图 10-4 “五现”模式

（1）现场

现场是指当企业运营发生问题，在办公室听别人的转述是难以准确地了解到实际情况的。而要想了解到最真实的情况，就必须亲临现场，用自己的眼睛看清事实，才能更好地对症下药。而单纯坐在办公室里纸上谈兵，直接拿出决策，必将使决策有失准确，从而造成不必要的损失。

（2）现物

和现场一样，来到现场，看到现物，才能做出最符合实际情况的决策，这种理念对企业的大部分环节都适用。

（3）现实

这是指到了现场，看到现物，了解到现实情况。这是最后一步的了解，也是最能发现细节的一步了解。通过对于现实的把控，做出更适合的决策。

（4）原理、原则

原理、原则在日语中的发音中都发“现”的音，因此现在被称之为“五现”。原理、原则是一种衡量尺度。通过对现场、现物、现实的判断，通过原理、原则去衡量，才能有最为公正的决策。当每个人的衡量准则不一样时，对于同样的事情的看法也会不一样，这样就产生了矛盾，并且很容易带入个人情感。而制定统一的原理、原则等同于制定了一个统一的判断准则，减少矛盾的同时也增加了决策的公正性。

4．“五现”的意义

在现实企业中随着职位的升高距离“一线”就会越远，亲临“一线”的机会更少。“五现”的存在就是在告诉管理者不要纸上谈兵。一位优秀的企业管理者要经常走进第一现场，走进流水线，了解事情的真实情况，做出最准确的判断。

10.5 订单评审与新产品导入管理

订单评审是本着满足客户各方面的需求和要求制定的。文件的方式便于品质管理、交期管理等。订单评审是由上级统一制定、修改、废止规章制度，并由下级分配管理权限，做到更精细的评审管理。

1．订单评审的规定

各个环节、各个部门的分工不同，规定和要求自然也不同。从不同的角度出发，完成属于各自的任务，是订单评审的关键。那么，具体是如何分配任务呢？这主要是按照职能将订单评审分成 6 个部门。

（1）**业务部**：作为与客户最亲近接触的部门必须严格把控评审订单交期、价格、物流等各个方面，确保及时发现不足之处，便于升级优化，以满足客户的更全面的需求。

（2）**生管部**：负责评审物料、设备生产状况、人力资源等进度满足客户指定的交期。如果不能按期生产，必须事前声明，并迅速解决问题。

（3）**技术部**：负责监控设备技术条件、人员技术能力等方面的管理，使其达到客户需求的产品规格，并且及时调整以满足客户的需求。

（4）**品管部**：在生产工作开始之前必须要评审产品的质量品质，并且进行试样，要求按照客户需求的品质进行评审。

（5）**财务部**：财务部是掌管财政大权的部门，应从公司的立场出发，结合目前的财务状况。对于客户给出的订单报价进行说明，附上详细的、能够接受报价的意见说明，并将单价、购买方式、购买用途和付款方式等进行详细说明。

（6）**总经理**：从总体思考订单，搜集各方意见，最终对订单接受与否“拍板”。

2. 订单评审的方式

订单评审方式一般分为会议评审、传递评审和授权评审这 3 种方式，如图 10-5 所示。

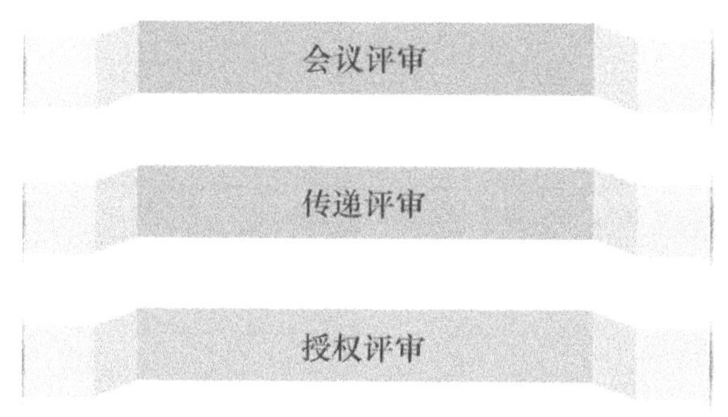

图 10-5　订单评审的方式

（1）会议评审

会议评审主要用于首次的订单以及大订单、客户有特殊要求的订单的评审。会议评审由业务部主办，需要召集各个部门的负责人坐到一起，各自发挥自己的岗位职责，共同探讨出最全面、最合理的意见建议。根据会议内容填写《订单评审表》，最终由总经理作评审总结。

（2）传递评审

传递评审一般适用于一般的订单，也是最为常用的一种评审方式。业务部直接获取客户的意愿后填写《订单评审表》，并且附上本部门的意见，依次转给生管部、技术部、品管部和财务部。各个部门在规定的时间内填写自己本部门职责范围内的评审意见，合作完成订单的评审。

（3）授权评审

授权评审主要适用于“回头客”，即不是第一次下单、对产品比较了解，并且本次下单与以往下单没有较大的需求改变。这样老客户就不需要进行会议评审，直接由业务部经手到生管部进行评审，并且生管部可以代理技术、品管部填写意见。最终将《订单评审表》转交至财务部，进行财务方面的评审即可。

3. 订单评审的结果

对于评审结果能或不能满足客户的需求及时向客户反馈，并且一并附上建议修改意见。直到客户同意为止，尽可能满足客户的需求，最终将评审修改意见归档保存，并按照协商后的订单进行生产。

4. 新产品导入管理

对于新产品的导入需要全过程进行监控，确保产品从质量上能满足客户的需求，在相关的法律法规上能符合国家的规定，保质保量，在规定的时间交付给客户，并且新产品导入管理还能使管理更加规范化、程序化，让新产品的每一个生产过程都实现可追溯。从而让客户对于新产品更安心，也能够成为企业日后生产的一个重要依据。

新产品的导入经过很多部门、环节，每一个部门的职责也都不尽相同。新产品导入管理主要分配给 5 个部门。

（1）业务部：负责收集相关资料和工程与客户的中间联络人

业务部是直接接触客户的部门，需要收集相关资料，如产品图、样品、客户要求等，从而作为开模的依据。在收到客户新产品开发的意愿之后，需要进行成本分析，并根据情况制定“报价单”，最高管理者审核通过后与客户确认，并实时追踪。

（2）生技课：负责设计、相关材料的建立以及“承认书”的制作

生技课按照排定时间完成设计制模工作，定期上交新产品开发资料记录，由最高管理者负责对生技课业务进度的管控。

（3）模设课：负责模具的制作及调试工作

模设课根据业务部提供的数量冲样并检查，并将检测报告交于生技课进行确认。有问题需要重新冲样，如没有问题经最高管理者签字核准。

（4）品保部：负责新产品的尺寸检测

客户检验合格后，品保部、业务部以及制模相关的部门共同讨论生产过程中出现的问题，研究解决问题的方案，总结新产品的导入。

（5）文管部：负责“承认书”的保管

当客户判定合格之后，客户在“承认书”上签字，业务部登记后由文管部存档。如客户认定不合格，则应重新送样。

10.6 SCM 供应链系统创建

SCM 供应链系统是在企业资源规划（ERP）的基础上发展起来的，是一种集成的管理方法。SCM 通常会有一个转换接口，用于供应链上不同企业之间信息的转化，提升企业间互动的能力。制造者与消费者零距离交流，根据消费者的需求控制产品的生产制造。它通过建立一个系统整合优化供应链中的信息流、资金流和物流，提升企业的竞争力。这是站在一个整体的角度看待整个供应链，企业的生产制造、库存情况以及供应商的数据信息结合到一起，秉持自动化、最优化的处理方式整合资源，重新进行分配。企业之间协同生产，能够提升企业的生产效率。

SCM 供应链分为内部、外部两个部分。内部的供应链系统把产品的整个生命周期中的环节结合起来，深入到生产、计划、市场、销售，等等。通过统筹管理的方式使企业自身的运作更加顺畅，生产效率也随之提高。外部的供应链体系主要集中于企业与企业之间搭建的共享信息的平台。对于制造企业来说，把产品推销出去、转化成利润，是企业在这个竞争激烈的市场中成功的必需品。为了更好地赢得客户的喜爱、占领市场，供应链系统通常还会有客户满意度的管理。这些都将成为企业生产制造的动力。SCM 供应链系统的建立，将企业的所有业务环节都以信息化的方式整合到一起，企业间资源共享，获得共赢的局面。

高露洁是一家资产达 94 亿美元的全国性的消费品巨头，生产制造的产品种类繁多，如牙膏、洗涤剂、宠物用品等。其业务遍布世界 200 多个国家，并且 70% 以上的市场是海外市场，80% 以上的员工是海外员工。面对这种形式，高露洁决定在企业管理解决方案（SAP）的基础上建立其供应链管理系统。希望通过供应链的改善，进一步优化全球供应链系统，提升企业的服务水平，减少库存压力，增大利润空间。

高露洁从 1995 年就开始使用 SAP 提供的企业管理核心解决方案，在财务、规划等各个方面采取统一的全球性运营，并且在企业内部推行标准化管理，高露洁的订单转化率提升到 90%。在成本方面，某些订单在企业内部循环的时间直接缩短了一半。虽然在 SAP 系统的管理之下，高露洁有了很大的发展，但很多方面还需要更加完善。高露洁公司还希望通过供应链系统的创建，进一步在需求与能力方面寻求突破，在成本方面进一步缩减投入。

为了解决这些问题，高露洁建立了全球供应链系统，主要分为三个战略。首先推出了 VMI 项目，用于改善库存压力、缩短企业内部循环时间；其次，全球性模式是地域性模式的升级，能够跨边界寻求资源，更好地凝聚资产，平衡全球的业务；最后，高露洁公司与其他的下游企业协同作战，用供应链系统调节供需的平衡，使供应链中的企业都能达到“零库存”。

高露洁的供应链系统能够提供每日的实时消费需求与库存信息，帮助其及时进行补充。在北美地区，5 个工厂、40 个分销中心、12 个消费区的所有的高露洁产品通过供应链系统及时补充生产，高效配合，大大提升了订单的完成率，缩短了企业内部补充循环的时间。

高露洁的供应链系统基于强大的互联网的支持，每天都将分销中心的库存量、需求量等信息上传至供应链系统平台上，对于需要补充的订单进行统计分析。供应链系统通过对企业的生产能力、客户的需求等综合考量供需是否均衡。高露洁的供应链系统的补充循环时间直接缩短至 1 天。随着供应链系统的逐步完善高露洁的收益还在不断地增长。

通过高露洁企业的例子，可以看出供应链系统对于企业的管理有着重要的影响，具体总结为以下几点，如图 10-6 所示。

图 10-6　供应链系统对企业管理的影响

（1）**在满足客户需求的同时，供应链能够将影响成本的各个环节都考虑进去。**从供应商到制造商再到分销商，能够较为全面地了解产品的整个供应体系，做出更为准确的决断。

（2）**供应链管理的目的是追求整体的效率提升以及成本的节约，致力于将成本降到最低。**因而整个供应链系统的管理并非只追求某一环节成本的降低或是库存的减少，而是在于通过管理系统的方式调节整个供应链内所有企业，将总的成本降到最低，使资源配置最优化，整个供应链系统流畅运行。

（3）供应链系统为客户提供一站式购物，但是将所有的供应链企业真正整合起来并不容易。并且，这是一个动态的系统，每个环节都在不停地变化。但是如果将供应链系统有机整理起来，就能够显著提升企业的服务水平、降低企业的生产成本、提升企业在行业中的竞争力。

10.7 信息流与实物流对接管理

在信息化的社会，信息流的价值并不会比实物流的价值低。而要真正实现价值的最大化，还是需要信息流与实物流两者相结合。信息流的流动性高，实物流的实质性高，两者扬长避短，实现对接管理，必将带领企业走向更长远发展的前方。

1. **信息流**

信息流企业在整个流通体系中扮演着神经的角色，负责整体的传输，是其他的物流、资金流传递的内在机制，占有十分重要的地位。不仅包括产品的技术信息、售后信息，还包括支付能力、订单报价等。

信息流是指信息的传播和流动是实物流的表象。信息流主要包括从采集、传递到加工处理的三个过程。信息流存在广义、狭义两种定义。广义的信息流是指人们采取各种不同的方式实现信息传播，通常包括信息的收集、传递、整理、分析等。狭义的信息流是指从信息技术的角度看问题，是信息处理过程中互联网上的信息流动。企业在生产制造中通常都是用广义定义信息流。总的来说，信息流是人们通过一些方式方法实现的信息对流。不论是面对面沟通，抑或是通过现代媒体进行信息交流。这都是一种信息的互享，通过这种信息的交流，我们对于实际情况加深了解，能够实时把控市场动态。

判断一家企业的成功与否很大程度上取决企业的信息流、实物流以及资金流。其中信息的传播速度最快、覆盖范围最广，能够最为明显地体现出企业的生产效率、企业管理等方面的能力。因为不论是物流还是资金流，最终一定是以信息流的方式体现出来的，所以对于信息流的深入了解能够帮助企业开创新天地。

2. 实物流

实物流顾名思义就是关于实际物品的流动运输，主要包括运输、搬运、储存、保管、包装、装卸、流通加工和物流信息处理等，是一项能够直接满足社会需求的活动，也是一种经济活动。

实物流是信息流的一种实际性的行为，信息流是实物流的一种表象。就像当你在网上订购了产品，会有不断的物流信息提示，这些都是根据实物流的情况进行描述的。虽然我们使用虚拟的空间进行交易，但是最终送上门的产品却是实物。虽然信息流的范围越来越广泛，但是信息流永远不能代替实物流的地位。

实物流需要一定的管理才能更好地解决问题，SCM 供应链系统就能通过企业之间的连接让实物流更加顺畅。

用系统方法解决问题是物流管理的基础，现代物流由多个环节构成，如运输、存储、包装、装卸、流通加工、配送等。而且每个环节都有自己的利益诉求，系统方法就是利用现代管理方法和技术，在实现各个环节信息共享的条件下，把各个环节作为一体化来管理。这样既降低了成本，又提高了服务质量。系统方法认为，系统中任何一个环节出现问题，都会对全局造成影响。所以，系统思想并不简单追求各个环节上的最低成本，而是强调总成本分析，目的是达到总成本最低，同时也满足客户的需求。

实物流管理的目的就在于尽可能地在降低总成本的情况下提升服务质量，寻找服务优势与成本优势的平衡。将运输、仓储等环节有机结合起来，就能在市场竞争中建立优势。实物流主要是解决产品的实际流动，从生产者到消费者的一个实际过程。

实物流的具体内容包括以下几个方面：用户服务、需求预测、订单处理、配送、存货控制、运输、仓库管理、工厂和仓库的布局与选址、搬运装卸、采购、包装、情报信息，如图 10-7 所示。

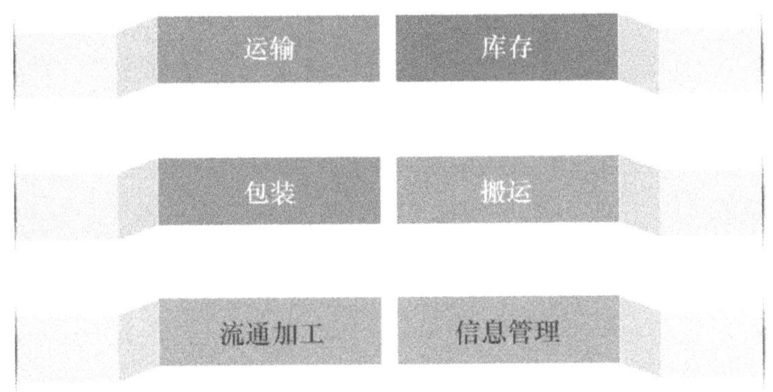

图 10-7　物流的内容

（1）运输

使用设施和工具，将物品从一个点输送向另一个点的物流活动。

（2）库存

库存控制，即对库存数量和结构进行控制分类和管理的物流作业活动。

（3）包装

产品包装的目的是在流通过程中起到保护作用，并且方便储运、促进销售，它是采用一定的容器、材料及辅助材料，按一定的技术方法对产品操作的活动。

（4）搬运

搬运是在同一场所内，对物品进行水平移动为主的物流作业。搬运是为产品的货物运输和保管的需要而进行的作业。

（5）流通加工

根据《中华人民共和国国家标准物流术语》，流通加工的意思是物品在生产地到使用地的过程中，根据需要施加包装、分割、计量、分拣、刷标志、拴标签、组装等简单作业的总称。流通加工是为了提高物流速度和物品的利用率，在物品进入流通领域后，按客户的要求进行的加工活动。

（6）信息管理

为了有效地开发和利用信息资源，人们以现代信息技术为手段，对信息资源进行计划、组织、领导和控制的社会活动就是信息管理。物流信息管理是对物流有关的信息进行收集和整理，并且对各个环节进行分享，以达到物流活动的有效、顺利进行。

第 11 章
向行业巨头学习：经典案例解读与剖析

光说不练假把式，对工业生产已经有大概的理解之后，就到了向行业中的佼佼者学习的时候。行业的巨头的实际案例能够帮助我们更好地消化理解这些知识，也能让我们了解到文字之外的世界。具体到单一问题的解决，又或者是成功的秘诀，我们总能在从中学到点什么。站在巨人的肩膀上看世界，必将看得更广阔。

11.1　尚品宅配：用大数据驱动 C2B，实现业绩飘红

C2B 模式来源于李克强总理的多次提及。**C2B 模式是从市场需求的角度出发，推动个性化营销、柔性化生产以及社会的协同作业**。C2B 是电子商务的一种，主要是指消费者与企业直接沟通。先有客户提出产品要求，后企业才会按照需求生产。客户可以根据自己的个性化需求进行产品的定制、价格的定制。抑或是能够参与到产品的生产设计之中去，对于自己的需求产品全方位把控。企业基于互联网，通过大数据的支持，与消费者更好地进行交流。汇集消费者的需求，拉近生产端与需求端，以数据进行驱动，带动企业的成功转型，实现业绩飘红。

尚品宅配就是一家典型的 C2B 模式的工业生产企业。尚品宅配家居用品股份有限公司是一家走定制之路的家具生产商，创建于 2004 年，是维尚集团的一员，提供个性化服务，满足客户的多元化需求。这是一家拥有“IT 基因”的企业，用过互联网、云技术，打造出了一个以数据为依据、计算机为

基础的云平台。配合云设计、云展览等高端技术，生产出更便捷的家具产品，也同时提供更具个性化的服务体验。

当你看到尚品宅配的时候就能看到其身上的标签：个性化定制、家居服务、简单的用户体验等。但作为行业巨头的商品宅配的成功，并非仅仅是几个标签这么简单，如图 11-1 所示。

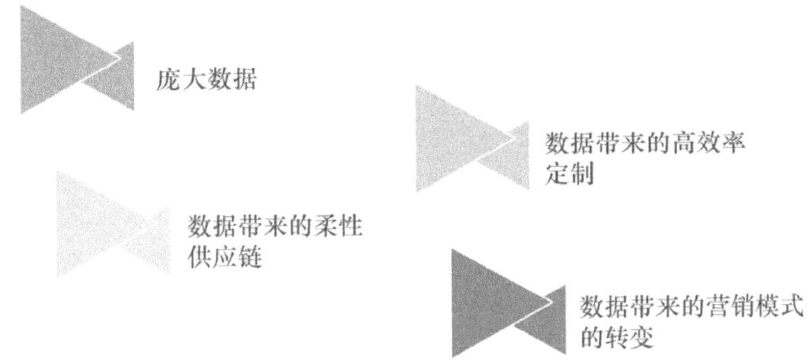

图 11-1　尚品宅配的特点

1. 庞大数据

作为一家家居生产制造商，如果说它的房型数据库比很多房地产公司都要全面，也许有人会不相信。但是事实就是这样，尚品宅配的房型数据库让很多的房地产商自愧不如。仅这一点就能帮助尚品宅配比行业中的其他企业更了解客户的需求，使自己的产品更具吸引力。因此当 2014 年整个行业陷入低迷之时，商品宅配却偏偏独树一帜，实现 60% 的年增长率，年营业额达到 2 亿元。

2. 数据带来的高效率定制

在商品宅配任何复杂的个性化定制产品，都能在短短的 30 天之内完成。这家简单的装修企业用数据推动了大规模定制。例如，一位女士在看到尚品宅配的“全屋定制”的服务后，决定购买其家具产品，并且在网上进行了“上门量房设计”预约下单。两天之后商品宅配的员工就上门进行量房。再过 3 天，一套完整的家具设计方案就新鲜出炉，并且是完全免费的。这位女士将自己需要修改的细节表达清楚之后，这单的装修生意就算是正式开始了。15 天过后，尚品宅配的家具全部运送过来并由其员工上门安装。4 天的安装过程后，一套“全屋定制”家具就全部完成了。从预约到设计再到装修配送，整个过程不到一个月。并且大部分的时间都是用于产品的运输配送环节。而客户只需要坐在家里轻点鼠标，就能轻易完成整屋的设计装修，轻松方便。更重要的是传统的家居定制产品的价格都非常昂贵，尚品宅品只需要传统定制的一半就可以了。省时省力，何乐而不为呢?

定制和规模化一般都是两个极端，一个是高端消费追求个性，一端是大规模生产，平民化、标准化。而现在通过数据的驱动，C2B 模式走进尚品宅配，将消费者与制造商直接连接起来，大规模定制将定制和规模化融合在一起，取其精华，去其糟粕。对于定制而言，个性化是定制产品高附加值的主要来源。但同时实现个性化并不容易，对于单个的消费者而言需要给出完全符合消费者个性化需求的产品设计，得到消费者的好评。而这一点直接让流水线上的大规模标准化生产难以正常进行。

但是对于尚品宅配而言，个性与共性是可以互融的，并非是一见面就必须打起来的架势。消费者的个性化追求也同样有共性的基础。就像一件衣服有人喜欢黑色，有人喜欢白色一样，这是个性。但同时不管他们喜欢黑色还是白色抑或是其他的颜色，衣服是一样的，这就是共性。个性化的东西是建立在共性化的基础之上的，两者并不矛盾，反而能够相辅相成。尚品宅配的李嘉聪喜欢用配药的例子说明这个观点。每日前来就医的患者非常多，但是药房配药却非常快。药剂师根据药单直接配药，效率很高。而对于患者得了什么病、适合什么样的药、什么样的药怎么使用等问题药剂师不会考虑，药剂师只是负责配药，其他一概不操心。医院通过这种方式将患者就医分门别类，像问诊、配药等。配药就能实现标准化，而问诊却不能，需要依照患者病症的不同，进行不同的医治。这就是同一件事情一部分实现标准化，而另一部分实现个性化，合作起来提升效率。

因此，家居生产制造也是一样的道理。为几万户配备不同的家具确实劳神费力，不能由设计师独自研究完成。这需要将户型这一大版块进行细分，卧室、厨房灯位置相对相同，就能依据这个基础配置沙发、电器、桌椅的位置。通过这种户型拆分的方式要设计出一套方案，难度就大大降低了，效率自然也就提上去了。

而定制的高效是尚品宅配的一项重大决定促成的。尚品宅配的董事长李连柱在 2007 年时就做出了一件令其他人匪夷所思之事。他决心将所有的楼盘数据都收集起来，建立一个关于房型的数据库。这听起来有些难以实现，但是实际上我国的楼盘虽多，但是户型却很单一，房间的类型也更少。为了他的这个决定，他亲自跑到各个一线城市收集数据信息。虽然我国住宅这么多，卧室的房型只有 100 多种，而客厅甚至只有 70 多种。一整套的房子就这样被分解成一个个独立的房间，再分成一件件的家具。这样进行设计、定制产品就能胸有成竹，并且高效、低成本地进行个性化定制。

而商品宅配不仅仅满足于创建的这个房型数据库，还拓展延伸出产品库、设计库，并相互配合构建了云设计平台。当一位客户将城市、楼盘、收入、年龄等信息告知之后，设计师就能通过这个平台系统找到之前一年内类似房型中受欢迎的几十甚至上百个设计方案可供参考。而顾客如果对于颜色、样式、布局等细节上有任何要求，只要在这个方案中稍加修改就能完成。这大大缩短了产品定制设计流程的时间。并且这些新的方案又会被上传到平台系统之中，为之后的方案设计增光添彩，不断进行优化。仅仅五六年过去，尚品宅配竟然已经为全国近 3 万个楼盘、40 多万户家庭提供了近 30 万种个性化方案。

3. 数据带来的柔性供应链

对于客户而言，看的都是高效的定制模式，而支持这一切的还需要一个柔性的供应生产体系。

跟传统家居制造企业不同，尚品宅配将户型分解成单件的家具，通过总部根据订单直接调配，主要分为 5 个步骤，如图 11-2 所示。

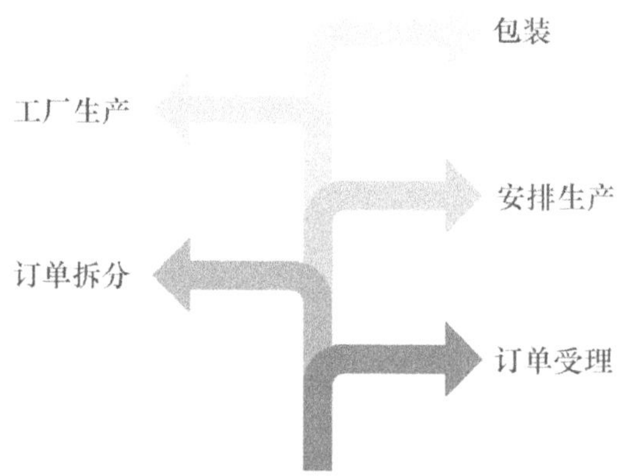

图 11-2　尚品宅配的生产过程

（1）**订单受理**：全国订单统一通过总部进行管理和调配。

（2）**订单拆分**：将订单拆分为包括不同零部件的“小订单”，并生成二维码，以便于之后的配送安装。

（3）**安排生产**：根据订单的不同，最优化地进行高效的生产安排。

（4）**工厂生产**：根据安排好的生产计划进行生产。

（5）**包装**：根据零部件的不同，将同一订单的产品统一打包，并配送至客户的手中。

整个生产过程严格控制在 15 天之内，当各地收到零部件之后就会根据二维码显示的组装步骤为客户完成家具的安装。在尚品宅配的整条供应链上，不论是工厂作业还是货品调配又或是供应商供货，都能依照产品上的二维码信息执行任务。人工几乎退出了尚品宅配的生产、配送等环节。

基于这种无人化的生产链的应用，大大减少人力、物力成本的投入。尚品宅配将产能直接提高了 10 倍，材料利用率上升了 8%，差错率下降了 27%。生产周期直接缩短近一半时间，并且每一个零部件都有其使用的地方，完全地按需生产。

4. 数据带来的营销模式的转变

尚品宅配利用大数据高效率定制和柔性供应链的服务提升其产品的竞争力。这些都改善了企业的生产运营状态。那么如何在这之上进行营销呢？

（1）免费提供服务。所有的免费赠送都是其活生生的广告。在大数据的支持下，一套产品的设计方案成本非常低，并且上门测量及设计短短几天就可以完成。两项低成本的服务能够换来客户的最优的产品体验，转化为实实在在的订单的概率就能够大幅度提升。

（2）体验店模式。在人群聚集的商圈开设专门的定制家居体验店。将体验店与真实空间融为一体。免费向体验者开放读书角、家庭影院装备、厨房空间。让客户身临其境，体会到真正的尚品宅配的装修效果。就像卖水果一样，甜不甜先尝尝，才会有很好的体验感，从而才能更好地销售其产品。优质的体验感比任何形式的广告都有效。这样通过数据的积累后续的服务成本基本为零，通过好的服务和口碑传播开来，未来预期收益远远大于投资的成本。

尚品宅配通过大数据的驱动，运用 P2P 模式，带来高效、柔性、免费营销的转变。阿里巴巴的参谋长曾鸣还曾将尚品宅配作为 C2B 商业模式的典型代表。商品宅配的成功告诉我们：大数据已经无可争议地成为制造业转型的一大重要支撑。大数据并非只是收集起来就可以，要根据企业的实际情况合理运用到实际中，才能发挥其巨大的商业价值。

11.2　红领制衣：打造全球服装定制供应商平台

从 1995 年的第一件红领西服诞生到现在已经十年多了。红领着眼于工艺，用质量征服客户，赢得了广阔的市场。意大利工艺大师 Fimgrund 和福瑞斯先后加盟红领。1999 年红领就在中国服装服饰博览会上获得了 3 项金奖。还在奥运会到来之际成为奥委会 8 家合作伙伴之一；后更是在 2004 年、2005 年连续获得“中国服装百强企业”。可以说红领集团在中国服装领域，尤其是西服领域“一支独秀”。那么红领集团是怎样做到高速发展，坐上今天这把西服行业老大的“交椅”呢？答案即将揭晓。

随着工业制造的发展，服装实现量产，但与此同时服装也被贴上各种的标签。L、XL，又或者是标准号，以此制定一个标准线将服装分门别类满足客户的需求。但是越来越多的多元化需求让这种标准线不能支撑，并且没能使所有的服装保持一个标准线生产，这都成为服装定制必须出现的缘由。而红领集团正是抓住了这一提升点，才能傲视群雄。红领集团主打的就是西服定制。“看菜吃饭，量体裁衣”成为红领的日常。当你走进红领的一线车间中就会看到，工人们只是刷一下衣服上的电子标签，电脑就会显示出个性化的定制需求。

人们的消费观念以及消费水平都在不断地升级，更多的人不愿意去“撞衫”，希望远离千篇一律的风格。讲求以人为本的定制服装就成为人们追求个性的宠儿。定制服装能够满足个性化的需求，能够真正让自己成为服装的标准。独具匠心的设计、纯熟精湛的技艺以及专属的设计理念都让人们心驰神往。但是高端的私人定制服装往往对应的是高额的价格。这让人们望而却步。如何能平民化定制服装呢？红领集团就给出了解答。

1. 数据支持是企业实现转变的强大后台

红领集团的个性化定制服务体现在流水线上，轰隆隆的机器运转的声音伴随密集的加工氛围。看起来与传统的西服生产厂并无差别，可是仔细一看却是千差万别。自动裁切机一字排开，每一块材料都需要根据电脑的提示调整裁切。西服的颜色、大小、样式都不相同，这就需要员工通过终端系统扫描衣服信息，再根据需求生产西服。红领集团就是依托着互联网搭建起的平台，让消费者与制造商直接沟通，剔除中间环节，从设计制造到售后服务，全部依托数据推动平台发展。将个性化定制带进流水线中，从而也节省了中间环节的费用。红领的个性化定制系统建立之初就将人体的各项尺寸、西服模板尺寸等录入进数据库，同一产品不同的型号、面料等的转化能够实现。目前红领已经建立了起包含 20 多个子系统的庞大数据化运营平台。系统能够通过给客户进行数据建模，并且能够依托 3D 打印技术形成相应的数据化版型样式。数据通过传输之后，从最开始的裁切到最终的西服成品，都会挂上带有客户定制信息的电子磁卡。客户对口袋、袖口等细节的需求信息都被完整记录。流水线上的设备能够识别这些数据信息，并根据它们进行操作，从而实现个性化定制与流水线相结合。

2. 互联网技术是企业的强大助力

现在围绕“互联网 +”这一概念，各行各业的企业都在积极思考，寻求与互联网并肩作战，成为行业翘楚。红领集团自然也不例外，作为一家典型的传统企业，红领集团摸索出一条“互联网 + 西服定制”的新道路。

当红领集团投入 12 年、投资 2.6 亿元、研究 220 多万人的版型数据之后，才拥有了如今的数据化的互联网工厂。红领集团的最初也是一个简单的西服个体户，集团领导者从眼界更开阔之后才逐渐走向西服定制的转型路线。创新往往是市场逼出来的。传统模式的简单重复生产满足不了个性化的需求，自然得不到丰厚的利润，甚至会被市场所淘汰。为了更加迎合市场需求，红领集团走向了转型的道路。

当成品衣依旧是市场的宠儿的时候，红领制衣就意识到这个问题，开始着重研究转型之路。红领集团的董事长张代理创造出了三点一线“坐标量体法”，即肩颈点、第七颈椎点处于同一水平线上，通过采集 22 个身体数据就能完成量体。就连零基础的员工经过短期的培训也能轻易上手。简单易操作，量体却十分精准。

在传统西服定制中最重要的一环莫过于人工制衣的环节，人工效率低、成本高。而红领制衣选择用智能系统代替人工打版，并且通过大量的数据库为客户智能推选出丰富的版型。互联网的发展让红领集团找到了通往转型之路，将不可能变为可能，不仅从思想上寻求转变，也在实际作业中善于创新。

3. 个性化定制是企业的一把利刃

随着个性化需求的不断提升，传统企业面临着来自市场的威胁。但是红领集团早已认识到这个问题。海尔集团参观过红领的互联网工厂，认为红领实现了从大规模制造向大规模定制的跨越，满足了客户的个性化需求，是互联网时代传统企业的转型典范。

在消费品制造中，服装的个性化需求最为丰富。每年都会有一股新的穿衣风潮。在传统的西服、衬衫之外，红领还进一步扩展能够实现定制的服装品种。不断对平台数据库进行补充升级，满足千差万别的需求。最大程度上实现网络平台与流水线机器的相互沟通，实现自主设计产品、多方位定制产品。使个性化的需求能够与工业制造的大规模生产结合起来，定制的同时节约成本、提升产品的生产效率。让消费者与制造商得到双赢的良好局面。

红领在个性化定制的探索上给整个服装行业起了领导作用。其他的服装企业开始试用互联网模式，机器的生产数据直接在平台上实现交互，所需要的原材料、尺寸、颜色都通过数据的形式，使得机器自己能够“读懂”要求，直接在生产线上进行生产。

在这个互联网时代，红领试图重新定义服装的生产经营模式，通过提升用户的体验感，提升企业的核心竞争力，打造出全球化的服装定制供应平台。

11.3 阿里巴巴：马云布局 8000 家“淘工厂”

马云曾表示，在互联网时代的商业模式，大规模重复生产必将受到市场的排挤，企业应根据消费者的需求进行定制化生产。这就是工业 4.0 的前奏。工业 4.0 是一个全局的概念，并非是企业自身的事情。谁能与消费者直接对接需求，就能抢占先机、赢得市场。

1.“淘工厂”是电子商务发展的需求

中国的电子商务近些年来蓬勃发展。电子商务是工业 4.0 的一部分，制造业与电子商务成为两个捆绑销售的畅销品。我国的电子商务市场更是广大，并且发展迅速。仅仅 2014 年一年中国的电子商务交易额就超过 12 万亿元人民币，同比增长 20%。预期 2020 年中国的电子商务市场将达到美、英、德、日、法国家电子商务市场的总和。而就我国自己内部而言，十年之内电子商务市场有望占到零售市场份额的一半。

2.“淘工厂”的诞生

2013 年底阿里巴巴的“淘工厂”正式上线，如今，8000 多家“淘工厂”遍布全国各地，逐渐成为天猫、淘宝皇冠店的一大供货支撑。那么，具体什么是“淘工厂”呢？传统的电子商务模式是 B2C，而这种模式逐渐被其自身瓦解。由电子商务平台为中心逐渐转为以消费者意愿为中心。在“淘工厂”里，消费者根据自身的需求向工厂下单，工厂在接收到业务的时候再进行个性化生产。通过这种面对面的销售模式，大大节省了中间环节的营销费用，物流成本也大幅降低，能够实现零库存，节省库存空间和库存成本，全面提升产品的性价比。

淘宝有 8000 多家淘宝店铺需要进货，是一个很大的市场。很多新手或小卖家对于采购、生产等环节并不了解，他们需要稳定、性价比高的货源。鉴于这样的需求，“淘工厂”就诞生了。很多大的批发厂商不愿意接的小单，“淘工厂”都能接下，并做到保质保量，准时送达。这让卖家感到很安心。同时阿里巴巴也从中获取到巨大的利益，也拉动了淘宝平台的注册卖家增长。

3.“淘工厂”适应转型市场

电子零售市场逐渐挤占传统零售市场的地位。电商品牌迅速扩张，对现有的产品也是一次大规模的“摸底洗牌”。“价低物不美”的产品将逐渐退出市场。如今的网购消费者主要为 80 后、90 后，他们的购买能力逐渐提高，对质量的要求也逐渐增大。因此，“淘工厂”想要适应未来市场就必须提升柔性度、专业度以及智能度这三点，并且快速、灵活地满足个性化定制需求。

当产品出现问题时，“淘工厂”能够实时跟进并处理有问题的产品。将生产制造而不仅仅是销售带入到电子商务市场中去。

11.4 哈雷摩托：日产 1200 台定制产品

哈雷 · 戴维森是世界顶级的摩托车品牌，成立于 1903 年，是由三兄弟在一间小木屋里“攒”出来的，以两个人的姓氏命名。哈雷摩托远销世界 200 多个国家，它自身的金属质感、俊朗的外形以及令人神往的颜色搭配都令摩托爱好者痴迷。强劲有力的轰鸣声以及滚烫的排气管完全符合男人对于力量的想象和对自由的追求。哈雷忠诚于 V 形双缸驱动的摩托车以及经典的橙色条盾形徽标，并且配以多元化的部件、配件、服饰等，渐渐成为自由、力量、激情的代名词。这种独特的骑行体验成为一种哈雷文化，传递给每一位摩托爱好者。摩托车运动逐渐成为一种充满乐趣、自由、激动的休闲活动。

而哈雷摩托最成功的地方却在于其高效的定制生产。主要表现为其定制的多元化能够满足不同的个性化需求，在定制的同时保持高效生产，降低人工、时间成本的投入。

哈雷摩托的定制产品不仅作为军用交通工具参与过战争，还出现在各种明星的生活中。其产品几乎所有的部件都能按照需求进行个性化定制，主要从适合度、功能、样式、性能等 4 个方面进行考虑，实现定制，如图 11-3 所示。

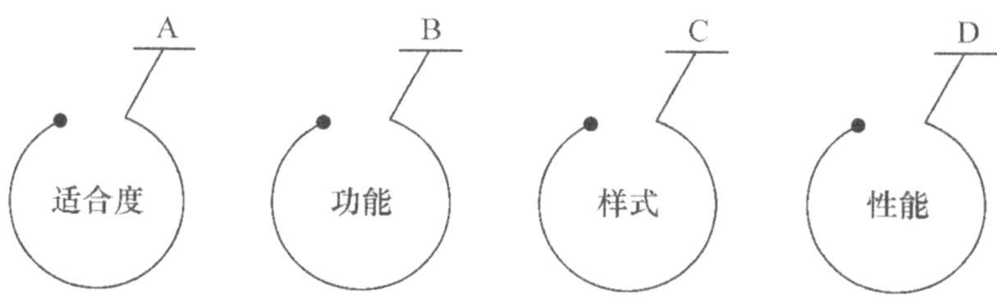

图 11-3 个性化定制的影响因素

1. 适合度

哈雷追求打造 100% 适合度的摩托车。针对骑手的身高、臂展、臂长等因素，针对 4 个方面重点定制。脚控制件是保障安全的重要一环，自然要做得最贴合骑手，包括加长延伸距离的前部控制套件、加长伸展距离的骑手脚踏板以及公路脚蹬，都能实现针对不同人的身体条件实现的个性化定制。

2. 功能

对路途长远、环境差异、骑行频率、骑行负重、通信系统、照明需求等各方面的需求，决定了消费者对于不同功能的选择。当一个人想自由驰骋，又或者想双人满载而归，这些都对摩托车的功能有很大的要求。因此，哈雷摩托灵活，可改装、卸载附件，就成为其一面吸引消费者的大旗。

3. 样式

往往挑选哈雷摩托的消费者，都是对于个性化有强烈追求的人。哈雷能够根据消费者的喜好灵活改变摩托的颜色、外观、装饰等。同样是黑色，就有抛光黑、砂黑、平头黑、磨砂黑等不同的色彩变化。不管是喜欢简单的方块装饰，还是喜欢个性的骷髅头，哈雷摩托都能一一满足消费者的需求。

4. 性能

马力、强度、速度都是选择摩托车的关键。喜欢激情的高速骑行体验，还是追求街道骑行的日常使用，都必须要考虑到性能这一关键因素。而哈雷摩托灵活易改装，就能满足消费者的需求。消费者可以将所有的部件进行个性化的修改，同时哈雷俱乐部也将为其提供更适合的改装方案。

像所有定制产品一样，哈雷摩托也面临着人工成本高、需求多元化、生产效率低等条件的制约。提升哈雷摩托的定制生产效率、降低成本、提供更多元化的服务，体验智能制造，是哈雷摩托的目标。

以德国的哈雷摩托生产工厂为例。传统生产下，生产一台哈雷摩托需要整整 21 天，生产过程都是固定的机械化，并且不能很好地提供定制服务，满足多元化的需求。而现在的哈雷摩托，如果早上下单定制一台摩托，下午就能将私人订制的摩托车交付使用，仅仅需要 6 个小时。整个定制模块综合起来，根据客户的需要，进行自动化定制生产，自动配齐原来并加工生产组合。不但效率高、成本低，还赢得了消费者的青睐。现在哈雷摩托已经做到了日产 1200 台定制摩托，定制生产完全进入高效阶段。

11.5　海尔互联工厂：解决供需错配，定制量环比翻番

在新经济的引导下，2016 年成为结构性改革的攻坚之年。解决供需错配成为每一个企业的共同话题，也成为我国经济体系的一大重点。2016 年 3 月 10 下午，上海世博中心举行了以“智能互联、共创共赢”为主题的互联工厂发布会。致力于通过大规模的定制服务解决供需错配的难题，实现定制量环比翻番。

1. 产消合一

目前家电行业正面临着整体转型的痛楚。传统的高效、大规模批量生产已经不能满足市场的需求了。在这个消费者为主导的市场上，只有抓准消费者的需求才能实现跨越式发展。虽然转型的道路指向明确，但仍缺乏具体的实施方案以及适合企业自身的实施模式。

自从“中国制造 2025”国家战略提出以来，工厂智能化成为众企业升级转型的关键一步。主要表现在两个方面：一是机器换人，节约生产成本，提升生产效率，但是往往就会缺失个性化元素，变成大规模批量生产。二是个性化定制生产。锁定消费者，按需进行生产。海尔从建立互联网工厂以来一直强调掌握客户的精准需求，高精准下的同时伴随着高效率。从这里就能看出海尔对于“产消合一”的深层次理解。生产与消费结合起来，让消费者参与生产环节，按需生产和供给。

在海尔互联网工厂发布会的现场，海尔近年来在智能制造与定制生产等

方面的成绩展现在我们眼前。2005 年开始海尔“就摸着石头过河”，尝试进行大规模的定制生产。2012 年第一家海尔互联工厂顺利“开张”。随着定制需求的不断加大，海尔的互联工厂已经建成 7 个。海尔互联工厂的业务量以及利润率连续翻番，并且海尔已经将这种互联工厂模式纳入《IEC 未来工厂白皮书》，成为企业未来发展的方向。海尔逐步实现大规模制造向大规模定制的跨越。

2. COSMO 平台

海尔的理念是“以人为本”，围绕这个理念进行生产制造，以满足消费者的需求为己任。在 2016 年的海尔互联工厂发布会上，海尔又对其进行了升级，率先发布开创了 COSMO 平台，实现了从理念到具体实施系统的的前进。COSMO 平台是第一个在家电智能制造中与客户实现零距离的互联工厂。在它的帮助下，在设计研发、生产制造、物流管理等全环节为客户提供更优质的产品和服务体验。实现可视化生产，满足客户的多元化需求，实现与客户的无缝对接。

另外，在这次的海尔发布会上，海尔还发布了众创汇和海达源的升级版，作为两大重要模块加入到 COSMO 平台中。在众创汇中，用户能够通过手机端与来自全国各地的优秀的设计师、资源进行交互，从而满足个性化的需求。能够使众创定制、模块定制、专属定制这三种方式全面满足客户的需求。而海达源却是打破传统模式，建立起一个以客户为中心的圈子，通过更多的第三方的加入，以一站式的采购方式实现共赢。这样的升级模块能够满足客户的需求，并且得到最佳的定制体验感。

智能化正在逐渐改变着人们的生活方式和制造业生产模式。海尔自身互联工厂的成功升级，就标志着海尔互联工厂的进一步完善。互联资源、互联制造商与消费者，整合资源，把用户的需求作为整个变革的重要“导火索”。满足用户体验的同时，高效合理配置资源，能够有力地解决供需错位的难题。

11.6 三一重工：打造全球一流的流程型组织

三一重工股份有限公司是三一集团的核心企业，创建于 1994 年，距今已有 20 多年的历史。三一重工是我国最大、全球第六大的机械制造商，主要产品为大型的挖掘机、起重机等，连续获得过中国企业 500 强、福布斯“中国顶尖企业”“中国最具成长力自主品牌”“中国工程机械行业标志性品牌”等众多的荣誉。它生产出了 20 多个挖掘机品种，使“三一”品牌的挖掘机销量以年均 100% 以上的速度递增。2011 年，三一重工挖掘机销售超过 2 万台，首度超过各外资品牌，登上了全国销量第一的宝座。它是名副其实的行业龙头企业，也同样是工业 4.0 新浪潮的冲锋者。

1. 完善 CRM 平台

CRM 即客户关系管理。在这个供需不均衡的市场上，对客户的深入研究往往能抓住客户的需求，也同时占领市场。CRM 就是通过对于客户深入调查，了解客户的喜好、需求方向等。知己知彼，才能使产品不愁销路，通过了解客户的需求优化产品、提升客户的满意度、提升自身产品的竞争力。

三一重工与 IBM 在 2014 年的上海宝马展现场签订了战略合作协议，致力于打造全球一流流程型组织。双方将在流程升级、系统优化整合方面展开深入的合作。建立领先全球的制造业管理流程体系。基于流程的设计与 CRM 平台的应用，找寻 CRM 的需求，完善其设计，优化流程运营管理。

2. 信息化技术支撑

三一重工的重点放在信息化与工业的结合，推行“ISANY”信息化模式，为处于转型关键阶段的企业提供一个着手点，通过信息化开启流程变革的锁。通过建立健全的运营体系、面对面式的产业链实现按需快速、准确交付产品。

三一重工总裁向文波认为，IBM 的全球一流信息技术支撑能够帮助三一重工更好地研发新技术、新模式，还能帮助企业更高速、顺利地实现转型。无论从产品的设计开发，到整体运营模式的转变，信息技术都是一个最好的支撑和推动器。并且三一重工向来是将客户的需求放在生产的首位，通过信息技术能够更高效解决客户的问题，让客户感受到更好的服务体验。

三一集团即将迈入成熟的全球化进程之中。既是机遇，也是挑战。在这场浪潮中，三一重工还应抓紧机遇、寻求信息价值、提升技术能力，从而实现从卖方市场到买方市场的转变。

11.7 中联重科：智能制造挺进工业 4.0 风口

谈到智能制造，大多数人的脑海首先浮现的是机器人的影子。人力成本逐渐上升的当今企业，逐渐走向设备智能化转型之路。工程机械就是转型路上的重要一员。然而智能制造不是简单地将机器人广泛应用于工厂的生产中，而是将智能制造技术覆盖到产品设计、生产管理、物流管理、售后服务等生产全过程。

中联重科成立于 1992 年，主要致力于建筑工程、环境工程、交通工程等基础建设设备的开发制造，其旗下员工有 3 万多人，混凝土机械和起重机械两大业务高居全球前两位。作为全球最完善生产链的工程制造企业，在传统的工程机械企业转型中，中联重科是领头羊。以创新作为其企业特色，以全球化作为公司的发展方向，拿下十三大类的自主知识产权。站在工业 4.0 的风口上，中联重科首先从内部实现了转型。工作变为派单的形式、原料进行分解，并且还将这种智能风吹到了环卫和农机制造领域中。

1. 成本控制

在中联重科新装亮相的时刻，智能化的转变让其容光焕发，通过几组数字的对比就能轻易看出智能化前后的差异。中联重科的产值高达每个月 20 亿元，而与其高产值不符的是其低成本，每个月订单成本差异却在 50 万元以内，甚至最低时达每个月 3 万元，仅仅这一项，就意味着节约了近 2.97 亿元的成本。这就是智能化带给中联重科的重大影响。

2. 云智库

中联重科建立起智慧工厂，希望能够在科技、智能的引导下生产出智能化的产品。通过产品之间的互联，逐步走向产品与人互联的新高度。中联重科拥有一个全球协同生产生命周期管理平台。当产品在生产、服务、售后等环节出现任何问题，都能通过其找到解决的方案。因为这个平台上建立了一个云智库，将可能出现的问题、出现问题的原因、问题的解决办法等细数并列举。这是一个庞大的数据库，积累故障、知识、实际数据等形成一个庞大的数据库，并且还能将后期发生的故障问题一一记录进去，不断完善数据库，更好地服务于生产制造。

3. 从生产到服务

一个优秀的企业要想在当今的市场上生存下去，就必须明确看清市场情形，市场已不是简单的需要制造商提供产品，更多地需要服务。中联重科看得透彻，从卖产品到卖服务，销售模式实现了彻底的转变。这也正是中联重科从传统生产制造企业向智能化服务型企业转型的重要标志。

更好地配置资源、更好地让互联网与工业生产融为一体，成为中联重科一直追寻的目标。目前中联重科智能化与工业制造的融合水平已经领先 99% 以上的国内装备制造业，稳扎稳打地成为行业巨头。中联重科为每个出厂产品安装智能化的传感器，用于时时刻刻监控产品的使用情况以及故障调查。13 万台智能设备 24 小时不间断实时跟踪、监测，并提供智能化服务。数据通过传感器在智能设备与产品之间来回往返，传递大量实时数据，使中联重科真正从盈利模式上进行转变。

中联重科站在工业 4.0 改革的风口上，这是由于中联重科每年都在创新和转型中投入超过 1 亿元。持续的创新转型使中联重科迎来了新的春天。中科中科的董事长詹纯新认为，智能制造不仅仅是生产智能产品、使用智能设备，更是一次商业模式的转变，并且这种模式将引导我们走向未来。

11.8 华为：布局万物互联工业 4.0 大数据时代

在 2011 年日本大地震之后，美国大气管理局通过对于海洋、大气层等海量数据的分析，仅仅用了 9 分钟就发布了详细的海啸预警。数据不仅仅能够拯救生命，更能改变世界。这是一个信息大爆炸的时代，无处不存在着数据。我们的日常通讯需要数据的来回传输，我们选购商品需要参考营养成分、价格等数据进行比较。数据在我们的生活中无处不在，带给我们的生活更多的便利。沃尔玛通过对于消费行为数据的观察创造了“啤酒 + 尿布”的经典促销模式。这取决于沃尔玛一度拥有世界上最大的仓库数据系统，数据数量甚至是美国国会图书馆的 167 倍。而 Facebook 则能够在每一秒钟都产生出大量的数据，通过数据挖掘消费者的真正需求已经大幅度战胜广告的宣传效果。消费者更加愿意挑选适合自己的产品，通过对数据的研究能够分析行业动向，有着巨大的商业模式。收集好大数据，管理好大数据相当于抓住了消费者的需求、抓住了市场的发展趋势。知己知彼，百战不殆。在这个大数据的时代，华为也不甘居人后，抓住时代的机遇，跟进时代的步伐，在大数据时代悄然改变。

为了实现万物互联这个大目标，数据的研究是其中的重要一步。但是目前的大数据的利用还存在 3 个问题。

问题一：大数据的到来对于很多企业还是过于突然，很多企业还没有做好迎接这个新时代的准备。企业对于数据预算投入力度不大，但是数据提供

商的价格又过贵。企业不得已只能将视线转移到 Hadoop 的开发。

问题二：IT 厂商同样意识到这个问题，将 Hadooop 与大数据相结合，一次迎合企业的需求。

问题三：企业的业务系统、数据分析系统、数据管理系统较为独立，相互间的存在一定的距离，不能更好地融合。

针对这三个问题的现状，华为推出了“X 位一体”的大数据存储解决方案。实行一体化存储，将海量的数据统一存储。并且能够对于数据进行清洗、整理与分析，让数据真正发挥其最大的作用。同时，对于不常用的历史数据进行归档、压缩整理，历史数据依旧纳入搜索引擎的数据库内，能够最大程度上加快数据的访问速度。华为大数据存储方案解决了信息与实际生产制造之间不能互通的弊端，并且随着技术水平的逐渐提升，对于数据的量以及质量都会有更高的需求。同时还需要随着数据的扩充，价格依旧保持优势甚至是不断地降低。

华为用“X 位一体”的方式征服了数据，也同时征服了消费者。对于消费者需求的了解，对于市场变化的预测让其 2014 年全球销售收入约为人民币 2870 亿～ 2890 亿元，较上一年增长约 20%。数据同样也是其发展的见证者。

11.9 长虹：进军数字化个性化，推进智能工厂转型

四川长虹电子控股集团有限公司始创于 1958 年，主要从事电子、军工、核心器材的研发制造。作为一个老牌企业，其品牌价值超过 1000 亿元，但是随着市场角色的互换，卖方市场逐渐转变为买方市场，这个传统的制造商在工业 4.0 时代决心顺应时代潮流，向数字化和个性化转型，全面推进智能工厂转型，如图 11-4 所示。

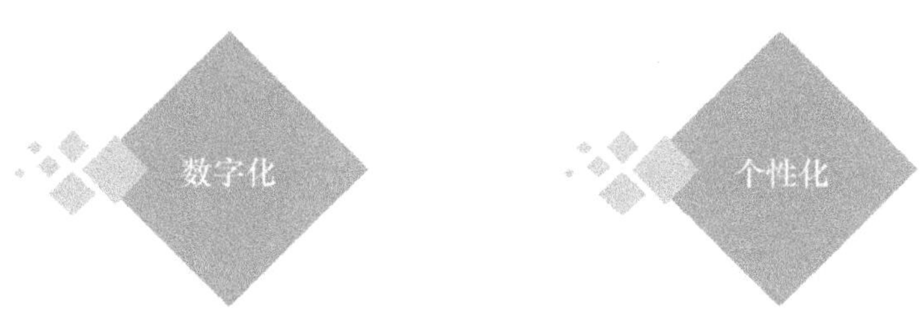

图 11-4　智能工厂转型方式

1. 数字化

在长虹模具公司的塑料厂，放眼望去无数轰隆隆的机器正在高速运作，周围却看不到员工的身影，员工只是简单地看屏幕控制机器就能够实现日常的运作。与原来的纯人工制造、收集、管理数据不同，现在的长虹的数字化改造让从生产研发、设备、生产材料等都通过信息化手段与其他环节进行信息共享，实现了工厂的无人化生产。员工远离了嘈杂的工厂，很大程度上减少了工作的安全隐患，改善了员工的工作环境，提升了员工对于企业的忠诚度。这样的智能工厂能够让各个流程之间的运作、连接实现无缝化，既节约时间成本，又减少人力的投入。长虹的产品从生产到售后服务都充分利用信息化资源，对整个流程进行实时追踪，能够保障产品的生产效率和产品质量。通过数据的形式了解市场需求，同样通过数据的形式下达生产命令，最终通过数据形式得到产品的反馈，提升了产品的质量和性能。

2. 个性化

随着买方市场的逐步建立，消费者对于个性化的追求络绎不绝。人们已经不满足于大众化的产品，开始寻求有个性、有差异化、更符合自身的产品。在长虹的电视机生产线上就建立起智能化系统管理平台。通过这个平台能够从多个角度、元素组合消费者所需要的产品，从而实现定制电视机。长虹依然保持着高效的生产效率，可以同时生产不同款式的电视机，并且每 5.5 秒就能生产出一台 CHiQ 智能电视机。

出于对于私人定制市场的需求补充。以 CHiQ 电视为例，智能制造仅仅是其基础，为消费者提供更具个性化的定制产品才是最终的目标。电视机的颜色、开机的音乐、电视机的版型等都可以依据个人的喜好去定制。甚至可以将电视机的 LOGO 改成自己的名字，而这种独一无二的定制只需要在流水线上配备一台 3D 打印机就能够实现。

2014 年 4 月，长虹财务共享中心的案例作为哈佛经济学研究成果案例纳入 MBA 课程。长虹通过对于数字化、个性化的深度研究在企业的转型过程中大大提升企业的运营能力，提升客户对于品牌的忠诚度。针对数字化的挑战，长虹能够找准自己的定位，在设计、生产、服务等全方位进行改革，贯穿产品的整个生命周期。为工业 4.0 的到来和发展提供了有力的支撑。长虹同样通过管理模式扁平化以及资源配置全球化，大大提升了企业在行业中的竞争力。在数字化与个性化的驱动下，向着智能工厂大步前进。

11.10 西门子：信息技术集成领域集跑者

德国西门子股份公司创立于 1847 年，是全球电子电气工程领域的领先企业。西门子凭借全集成自动化（TIA）和数字化企业平台，长时间占据着信息技术集成领域的领导地位。为了进一步巩固其在工业信息技术和工业软件领域的创新领导地位，西门子首席执行官鲁思沃说：“西门子将凭借全集成自动化（TIA）、全集成驱动系统（IDS）、产品生命周期管理（PLM）软件和数字驱动的服务（DDS），继续在集成制造技术领域占据领导地位。集成制造技术，是客户产品开发和生产过程达到最优化的坚实基础。我们愿与客户并肩踏上‘制造业的未来’之路。”

在互联网时代，全球制造业都纳入到了联网的趋势中，西门子预计，工业信息技术和软件市场将会比工业自动化和驱动技术的总体市场发展速度还要快一倍。西门子为了继续保持领先地位，已经做好全方位的准备，并拓展其在工业信息技术和软件领域的创新。鲁思沃认为："创新的工业信息技术及软件在此发挥了决定性作用，使产品开发和生产得以集成和协同，为全面优化产品开发和生产过程创造条件。"

随着计算机技术的迅猛发展以及控制需求的不断提升，集成自动化已经不是什么新鲜事物。西门子 10 年前就提出了全集成自动化（TIA）概念，全集成自动化与数字化平台相结合，可以实现整个产品范围的高度集成，从自动化系统及驱动技术到现场设备，具有统一的数据管理、统一的编程、组态，统一的通讯等特点，实现产品生产的高度自动化。

西门子在成都设立的自动化生产及研发基础，可以说是一个"自己生产自己"的工厂。这里是西门子用自有技术构建的数字化平台，生产西门子自己的尖端的产品。在生产中，西门子是把高度的数据集成运用到生产全过程中，实现数字化精益生产管理以及透明、精确的生产、监控与物流。

西门子通过全集成自动化（TIA）解决方案实现生产线全线监控，通过一体化的信息流实现订单管理、生产规划和物流输送全面贯通。西门子利用其强大的数字化企业平台，构成生产系统，实现了从产品开发到生产运营的无缝数据集成，提高了产品的上市时间，使产品达到 99% 以上的一次通过率，为企业生产带来了前所未有的灵活性。

西门子之所以能实现全自动化生产，得益于其信息技术集成的先进技术。西门子全集成自动化解决方案（TIA）在很大程度上替代了人类的大脑、视觉和手臂，不仅使人的工作变轻松了，也确保了生产各环节的可靠、灵活与高效。那么，西门子是怎么做到呢？西门子是通过可编程控制器（PLC）来引导生产流程，通过视觉系统来识别质量、用自动引导小车来传递产品，最后通过 PROFINET 现场总线连接并传送数据。西门子在成都建立的这家工厂，实现了从产品设计到制造过程的高度数字化，是其迈向工业 4.0 时代的基础。

在工业 4.0 时代，西门子对工业的构想是："未来的制造将是基于大数据、互联网、人，结合各种信息技术进行柔性制造，满足定制化需求，缩短产品上市周期。" 西门子是全球"工业 4.0"的领跑者，在"2016 西门子工业论坛"上，西门子提出了"数字化双胞胎"概念。西门子首席执行官说，"数字化双胞胎"包括"产品数字化双胞胎""生产工艺流程数字化双胞胎"和"设备数字化双胞胎"。其将各专业技术集成为一个数据模型，将 PLM（全生命周期管理软件）、MES（制造执行系统）和 TIA（全集成自动化）集成在 Teamcenter 数据平台之下。供应商也可以被纳入平台，实现整个价值链数据的透明和整合。

实现"工业 4.0"，虽然要走很长的路，但是在通往"工业 4.0 时代"成功的道路上，西门子提出的"全集成驱动系统"这一概念与工业 4.0 要求是相吻合的。全集成驱动系统基于世界上最全面稳定的驱动系统产品线，并经完美集成，能为机器生产商、机器与设备最终用户带来显著收益，并使产品上市时间和投资回报周期大大缩短。这一目标的实现，与西门子创新的工业信息技术及软件所发挥的作用是分不开的，也使产品开发和生产得以集成和协同，为全面优化产品开发和生产过程创造了条件。

在互联网时代，对于参与全球激烈竞争的工业企业，虚拟规划和实际生产所进行的信息技术集成，已可以显著提高其生产力。西门子在通过数字化产品开发和生产，推动现代化生产方式的变革这方面，付出了比其他企业更多的努力，它将继续成为信息技术集成的领先者。

www.ingramcontent.com/pod-product-compliance
Ingram Content Group UK Ltd.
Pitfield, Milton Keynes, MK11 3LW, UK
UKHW062004290726
14090UKWH00022B/1383